4주 완성 어휘력·독해력·사고력·표현력 향상 프로그램

이솝우화로
한번에 **키**우기

1B
초등 저학년

책장속
BOOKS

어휘력 · 독해력 · 사고력 · 표현력 향상 프로그램
(이솝우화로) 한 번에 키우기 1B

3쇄 발행 2022년 12월 15일

집 필 신효원
펴낸이 신호정
펴낸곳 책장속북스
신고번호 제 2020-000111호
주소 서울시 송파구 양재대로 71길 16-28 원당빌딩 4층
대표전화 02)2088-2887 | **팩스** 02)6008-9050
인스타그램 @langlab_kiz | **블로그** blog.naver.com/langlab_kiz
이메일 chaeg_jang@naver.com

기 획 & 개 발 어린이언어연구소
편 집 전유림 | **웹마케팅** 이혜연
삽 화 젤리피쉬 | **디자인** 이지숙

베타테스터 김지은(7), 양서우(7), 이준(7), 김민지(8), 박하윤(8), 윤은솔(8), 이세연(8), 배태훈(9), 신동훈(9), 신지율(9),
신지환(9), 정다온(9), 채우현(9), 김건호(10), 김하은(10), 낫제스 노아(10), 서가은(10), 황지후(10)

ISBN 979-11-972489-2-4
SET 979-11-972489-0-0

머리말

아이의 공부머리를 한 번에 키워 주세요!

흔히들 어휘력이 좋으면 독해력이 좋아진다고 합니다. 아이가 글을 읽고 이해를 못 하는 까닭은 '어휘력이 부족해서'라고 생각합니다. 그래서 학교 공부가 시작되면 아이들에게 무작정 어휘의 사전적 의미를 기억하게 하고 아무런 맥락 없이 어휘 문제를 풀게 합니다.

오해하기 쉽지만, 어휘력은 '알고 있는 단어가 얼마나 많은가?'만으로 평가되는 영역이 아닙니다. 어휘력에는 '문맥을 통해서 모르는 단어의 의미를 얼마나 정확히 유추할 수 있느냐?', '알고 있는 어휘를 얼마나 적절하게 사용하느냐?'의 능력도 포함되기 때문입니다.

국어 능력의 핵심은 글의 맥락을 파악하여 내용과 어휘를 유추할 수 있고 자기 생각을 표현할 줄 아는 데에 있습니다. 따라서 글을 읽기 전에 자신의 배경지식을 끌어와 생각해 보고, 글을 읽으며 내용과 어휘를 추측해 보고, 알게 된 어휘를 연습해 보는 이 세 가지의 과정이 밀접한 관계를 맺으며 제공될 때 우리 아이들의 국어 능력이 확장됩니다.

한키는 아이들에게 이 모든 과정을 훈련시키기 위해 만들어진 책입니다. 이 책은 얼핏 보면 쉬워 보이지만 생각 없이는 풀 수 없는 문제들로 구성되어 있습니다. 생각해야 풀 수 있지만 그렇다고 지루하지 않습니다. 아이들이 글을 읽고, 문제를 해결해 나가는 동안 읽기 훈련과 국어 공부를 자연스럽고도 즐겁게 할 수 있는 학습 장치가 곳곳에 숨겨져 있기 때문입니다.

국어 능력은 '생각'이라는 밑거름을 바탕으로 글의 이해와 유추, 표현의 과정이 유기적으로 이루어져야 향상됩니다. 한키를 통해 아이들이 우리말로 생각하고 추측하고 우리말을 자유자재로 사용해 볼 수 있게 되기를 바랍니다. 우리 아이들의 국어 능력이 건강하게 커나갈 수 있기를 바랍니다.

저자 신효원

저자 소개
어린이언어연구소 소장
이화여자대학교 국어국문학
이화여자대학교 국제대학원 한국학 석사
이화여자대학교 국제대학원 한국학 박사 수료

〈한 번에 키우기〉의 특징

Q 혹시 우리 아이가 이렇지는 않나요?

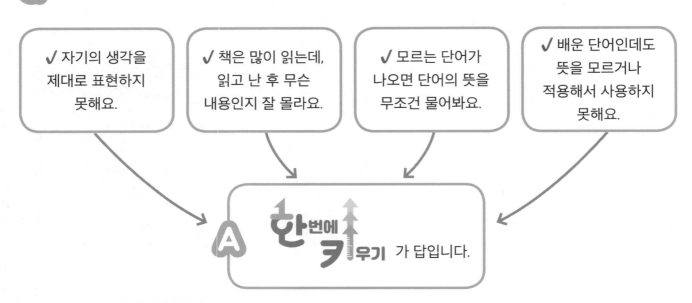

✔ 자기의 생각을 제대로 표현하지 못해요.

✔ 책은 많이 읽는데, 읽고 난 후 무슨 내용인지 잘 몰라요.

✔ 모르는 단어가 나오면 단어의 뜻을 무조건 물어봐요.

✔ 배운 단어인데도 뜻을 모르거나 적용해서 사용하지 못해요.

A 한번에 키우기 가 답입니다.

〈한 번에 키우기〉만의 강점!

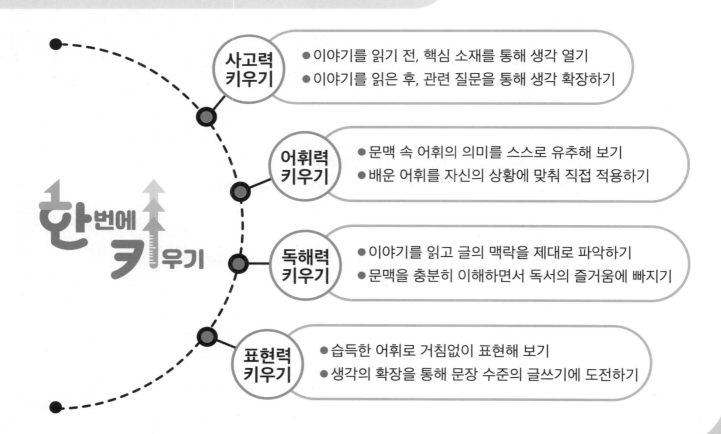

사고력 키우기
- 이야기를 읽기 전, 핵심 소재를 통해 생각 열기
- 이야기를 읽은 후, 관련 질문을 통해 생각 확장하기

어휘력 키우기
- 문맥 속 어휘의 의미를 스스로 유추해 보기
- 배운 어휘를 자신의 상황에 맞춰 직접 적용하기

독해력 키우기
- 이야기를 읽고 글의 맥락을 제대로 파악하기
- 문맥을 충분히 이해하면서 독서의 즐거움에 빠지기

표현력 키우기
- 습득한 어휘로 거침없이 표현해 보기
- 생각의 확장을 통해 문장 수준의 글쓰기에 도전하기

1. 어휘 공부의 시작을 아이들에게 친근한 '동화'로

모든 학습의 시작은 '흥미'와 '재미'입니다. 〈한키 시리즈 1단계〉에는 아이들이 좋아하는 전래동화와 이솝우화가 지문으로 실려 있습니다. 아이들은 친근하고 익숙한 이야기를 통해 처음 접하는 어휘의 의미도 쉽게 습득할 수 있게 되면서 어휘 학습에 관심과 흥미를 가지게 됩니다.

2. '암기'가 아닌 '유추'로 어휘를 습득

암기를 통해 습득한 어휘는 쉽게 휘발되며, 다양한 확장 개념을 응용하는 데에 한계를 가집니다. 〈한 번에 키우기〉는 이야기의 '맥락'을 통해 어휘의 의미를 끊임없이 유추하게 합니다. 생소하고 어려운 어휘가 나오더라도, 앞뒤 문장을 참고해 되돌아보면서 어휘의 의미와 확장 개념을 알아가는 힘을 키울 수 있게 됩니다.

3. '초등 필수 어휘'를 곳곳에 담아 재구성한 지문

전래동화 · 이솝우화를 아이들의 눈높이에 맞게 재구성하였으며, 이야기의 일부가 아닌 전체를 지문으로 실어 아이들이 한 편의 동화를 다 읽을 수 있도록 했습니다. 또한 일상에서 쓰이는 관용어, 한자어, 속담, 의성어 및 의태어 등의 초등 필수 어휘들을 지문에 적절히 배치하여 자연스럽게 초등 필수 어휘를 익힐 수 있습니다.

4. 유형별 4단계 학습을 통한 통합 학습

〈한 번에 키우기〉는 하루 4쪽 분량으로 ①생각하며 준비하기(사고력 키우기) ②추측하며 읽어보기(독해력 키우기) ③추측한 어휘 확인하기(어휘력 키우기) ④생각대로 표현하기(표현력 키우기)의 유형별 4단계 학습으로 구성됐습니다. 아이들은 매일 4단계 학습을 반복하며 스스로 어휘를 유추하고 문장의 맥락을 파악하며 그 뜻을 이해할 수 있는 사고력을 키우게 됩니다. 이 과정에서 독해력 또한 향상됩니다.

5. 거침없이 표현하는 '글쓰기'의 즐거움 경험

〈한 번에 키우기〉는 어휘와 관련된 생활 속 질문을 통해 습득한 어휘와 관련된 경험을 되살려 보고 스스로 생각해 보는 장을 펼쳐줍니다. 정해진 답이 없는 질문을 던짐으로써 어휘를 활용한 아이의 자유롭고 창의적인 답변을 유도합니다. 이 과정에서 아이는 어휘의 기본 개념과 그 외 다양한 쓰임새를 응용할 줄 알게 될 뿐 아니라, 무한한 사고의 확장을 경험하게 됩니다. 이런 경험은 '글쓰기'의 즐거움으로 이어져 문장 수준의 글쓰기를 능숙하게 할 수 있는 발판이 되어 줄 것입니다.

〈한 번에 키우기〉의 구성 & 활용법

- 이솝우화로 〈한 번에 키우기 1B〉는 총 10편의 이솝우화 전문을 지문에 담았습니다.
- 아이들은 한 주차(5일 분량)마다 2편 혹은 4편의 이야기를 읽고 관련 문제 및 복습 문제를 풀어 보는 시간을 가집니다.
- 학습 과정은 총 4주(20일 분량)에 걸쳐 완료됩니다.

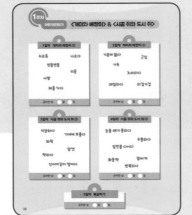

＊학부모 Tip

어휘의 뜻을 미리 알려 주지 마세요.
가볍게 훑으며 새로운 어휘에 흥미를
가지게 하는 게 포인트!

어휘 미리보기

이야기에 등장하는 초등 필수 어휘
를 한눈에 살펴봅니다.

4단계 유형별 학습

❶ 생각하며 준비하기

  사고력 키우기

이야기를 읽기 전, 그림을 통해
등장인물이나 주요 단어를 미리
접하며 내용을 자유롭게 추측합
니다.

이야기 곳곳에 빨간 글씨로 표시된
필수 어휘들이 있어요.
읽으면서 뜻을 유추해 보아요!

❷ 추측하며 읽어보기

  독해력 키우기

초등 필수 어휘가 담긴 이솝우화
전문을 읽은 후 O, X 문제를 통해
글의 맥락을 제대로 파악했는지
확인합니다.

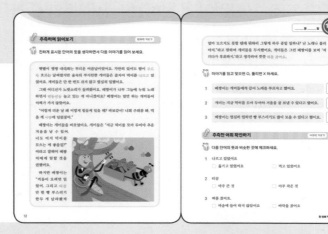

❸ 추측한 어휘 확인하기

⚛ 어휘력 키우기

사전적 정의부터 암기하지 않고, 비슷한 의미나 어울리는 말을 찾아보며
어휘의 의미를 스스로 유추하는 힘을 기릅니다.

비슷한 의미 찾아 고르기

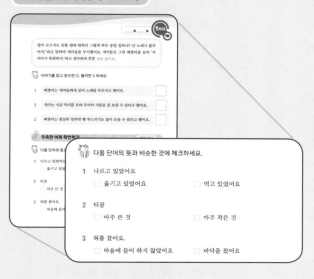

어울리는 단어끼리 연결하기

❹ 생각대로 표현하기/속담으로 생각하기

✏ 표현력 키우기

그림을 보고 배운 어휘를 활용해 이야기를 문장으로 재구성합니다. 또한
상황에 어울리는 속담을 익히고 자신의 경험에 적용해 글을 써 봅니다.

생각대로 표현하기

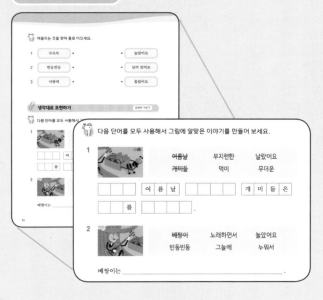

속담으로 생각하기

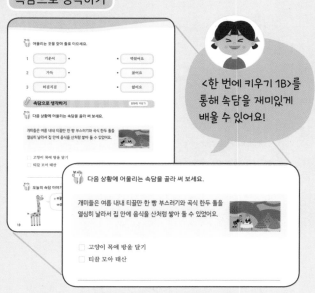

> <한 번에 키우기 1B>를
> 통해 속담을 재미있게
> 배울 수 있어요!

복습하기

앞서 배운 어휘들의 의미를 떠올려 보고 상황에 맞는 어휘를 찾아 빈 칸을 채웁니다. 또한 학습한 속담의 의미를 되새기며 실생활에 적용해 보는 연습을 합니다.

어휘 확인하기

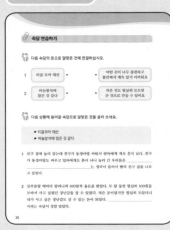

다음 단어를 보고 아는 것에 ✓ 표시하세요.

개미와 베짱이 1	개미와 베짱이 2	시골 쥐와 도시 쥐 1	시골 쥐와 도시 쥐 2
☐ 주르륵	☐ 기운이 없다	☐ 치장하다	☐ 눈을 떼지 못하다
☐ 나르다	☐ 근심	☐ 기대에 부풀다	☐ 우쭐하다
☐ 빈둥빈둥	☐ 가득	☐ 와락	☐ 입맛을 다시다

어휘 연습하기

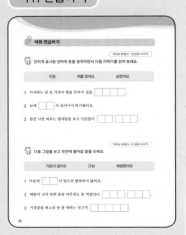

속담 연습하기

어휘 놀이

재미있는 놀이를 통해 어휘의 개념을 즐겁게 확인할 수 있습니다.

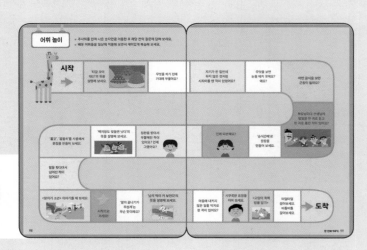

차례

〈개미와 베짱이〉 & 〈시골 쥐와 도시 쥐〉

1일차 | 개미와 베짱이 ①

주르륵   나르다

빈둥빈둥

티끌

사방

혀를 차다

공부한 날 ◯ 월 ◯ 일

2일차 | 개미와 베짱이 ②

기운이 없다   근심

가득

초라하다

괘씸하다   허겁지겁

공부한 날 ◯ 월 ◯ 일

3일차 | 시골 쥐와 도시 쥐 ①

치장하다

기대에 부풀다

와락

맘껏

딱하다

산더미같이 쌓이다

공부한 날 ◯ 월 ◯ 일

4일차 | 시골 쥐와 도시 쥐 ②

눈을 떼지 못하다

우쭐하다

입맛을 다시다

화들짝   잽싸게

반복되다

공부한 날 ◯ 월 ◯ 일

5일차 | 복습하기

공부한 날 ◯ 월 ◯ 일

개미와 베짱이 | 첫 번째 이야기

 생각하며 준비하기   사고력 키우기

 더운 여름날 개미와 베짱이가 길에서 만났습니다.
둘은 서로 무슨 이야기를 나눴을까요?

개미   : ＿＿＿＿＿＿＿＿＿＿＿＿＿＿＿＿＿＿＿＿＿

베짱이 : ＿＿＿＿＿＿＿＿＿＿＿＿＿＿＿＿＿＿＿＿＿

 베짱이와 개미에게 어울리는 단어를 아래에서 찾아 써 보세요.

부지런하다	노래하다	빈둥빈둥 놀다	먹이를 나르다

추측하며 읽어보기

 빨간색으로 표시된 단어의 뜻을 생각하면서 다음 이야기를 읽어 보세요.

햇볕이 쨍쨍 내리쬐는 무더운 여름날이었어요. 가만히 있어도 땀이 주르륵 흐르는 날씨였지만 숲속의 부지런한 개미들은 줄지어 먹이를 나르고 있었어요. 개미들은 단 한 번도 쉬지 않고 열심히 일했어요.

그때 어디선가 노랫소리가 들려왔어요. 베짱이가 나무 그늘에 누워 노래하면서 빈둥빈둥 놀고 있는 게 아니겠어요? 베짱이는 일만 하는 개미들이 이해가 가지 않았어요.

"이렇게 더운 날 왜 이렇게 힘들게 일을 해? 바보같이! 너희 주위를 봐. 먹을 게 사방에 널렸잖아."

베짱이는 개미들을 비웃었어요. 개미들은 "지금 먹이를 모아 두어야 추운 겨울을 날 수 있어. 너도 어서 먹이를 모으는 게 좋을걸?" 이라고 말하며 베짱이에게 일할 것을 권했어요.

하지만 베짱이는 "겨울이 오려면 멀었어. 그리고 티끌만 한 빵 부스러기 한두 개 날라봤자

얼마 모으지도 못할 텐데 뭐하러 그렇게 하루 종일 일하냐? 난 노래나 불러야지."라고 말하며 개미들을 무시했어요. 개미들은 그런 베짱이를 보며 '저러다가 후회하지.'라고 생각하며 쯧쯧 혀를 찼어요.

 이야기를 읽고 맞으면 O, 틀리면 X 하세요.

1 베짱이는 개미들에게 같이 노래를 부르자고 했어요. ☐

2 개미는 지금 먹이를 모아 두어야 겨울을 잘 보낼 수 있다고 했어요. ☐

3 베짱이는 열심히 일하면 빵 부스러기도 많이 모을 수 있다고 했어요. ☐

📎 **추측한 어휘 확인하기**　　　　　　　　　어휘력 키우기

 다음 단어의 뜻과 비슷한 것에 체크하세요.

1 나르고 있었어요

　　☐ 옮기고 있었어요　　　　　　☐ 먹고 있었어요

2 티끌

　　☐ 아주 큰 것　　　　　　　　☐ 아주 작은 것

3 혀를 찼어요

　　☐ 마음에 들어 하지 않았어요　　☐ 바닥을 찼어요

어울리는 것을 찾아 줄로 이으세요.

1 주르륵 •   • 놀았어요

2 빈둥빈둥 •   • 널려 있어요

3 사방에 •   • 흘렀어요

생각대로 표현하기

표현력 키우기

 다음 단어를 모두 사용해서 그림에 알맞은 이야기를 만들어 보세요.

1

| 여름날 | 부지런한 | 날랐어요 |
| 개미들 | 먹이 | 무더운 |

| | | | | 여 | 름 | 날 | | | | | | | 개 | 미 | 들 | 은 |

| | | 를 | | | | | .

2

| 베짱이 | 노래하면서 | 놀았어요 |
| 빈둥빈둥 | 그늘에 | 누워서 |

베짱이는 _____ .

14

생각하며 준비하기

사고력 키우기

 지난 이야기에서 개미와 베짱이가 한 말이에요.
누가 한 말인지 찾아 써 보세요.

★ "지금 먹이를 모아 두어야 추운 겨울을 날 수 있어."

★ "티끌만 한 빵 부스러기 한두 개 날라봤자 얼마 모으지도 못할 텐데."

 티끌만 한 빵 부스러기를 집으로 열심히 옮긴 개미들은 먹이를 얼마나 많이
모을 수 있었을까요? 생각을 이야기해 보세요.

_____

_____

빨간색으로 표시된 단어의 뜻을 생각하면서 다음 이야기를 읽어 보세요.

시간이 흘러 찬바람이 '휭' 부는 겨울이 찾아왔어요. 추운 겨울이 오자 모든 것이 꽁꽁 얼어붙어 먹을 것을 찾을 수가 없었어요. 며칠째 제대로 먹지 못한 베짱이는 기운이 없어서 더 이상 노래를 부를 수 없었지요. 베짱이는 근심으로 가득 찬 얼굴로 먹이를 찾아다녔지만 아무 소용이 없었어요. 그때 베짱이의 머릿속에 열심히 일하던 개미들이 생각났어요.

베짱이는 개미들의 집에 찾아가 문을 똑똑 두드렸어요. 개미들은 "누구세요?"라고 물으며 문을 열었어요. 문을 열자 베짱이의 초라한 모습이 보였어요.

"며칠 동안 아무것도 못 먹었어. 먹을 것 좀 나누어 줄 수 있어?"

개미들은 자신들의 말을 듣지 않았던 베짱이가 괘씸했지만, 베짱이를 집 안으로 들어오게 하고는 먹을 것을 주었어요. 베짱이는 허겁지겁 음식을 먹기 시작했어요.

"내가 정말 어리석었어. 너희들이 먹이를 한두 톨 나를 때 이렇게 집 안 가득 음식을 모을 수 있을 거라고는 생각을 못 했어."

베짱이는 여름 내내 놀기만 했던 자신이 부끄러워졌어요.

 이야기를 읽고 맞으면 O, 틀리면 X 하세요.

1 베짱이는 여기저기 먹이를 찾으러 다녔지만 찾을 수 없었어요.

2 개미는 베짱이에게 화가 나서 음식을 나눠 주지 않았어요.

3 베짱이는 여름 내내 일하지 않고 놀기만 한 자신이 부끄러워졌어요.

📎 추측한 어휘 확인하기　　　　　　　　　어휘력 키우기

 다음 단어의 뜻과 비슷한 것에 체크하세요.

1 근심

　☐ 걱정　　　　　　　　　☐ 기쁨

2 초라한

　☐ 낡고 힘이 없어 보이는　　　☐ 힘이 세 보이는

3 괘씸했지만

　　☐ 이해됐지만　　　　　　☐ 미웠지만

어울리는 것을 찾아 줄로 이으세요.

1	기운이	•	•	먹었어요
2	가득	•	•	찾어요
3	허겁지겁	•	•	없어요

속담으로 생각하기

표현력 키우기

 다음 상황에 어울리는 속담을 골라 써 보세요.

개미들은 여름 내내 티끌만 한 빵 부스러기와 곡식 한두 톨을 열심히 날라서 집 안에 음식을 산처럼 쌓아 둘 수 있었어요.

☐ 고양이 목에 방울 달기
☐ 티끌 모아 태산

 오늘의 속담 이야기

★ 티끌 모아 태산

아무리 작은 것이라도 열심히 모으면 큰 것으로 만들 수 있다는 말이에요.

 생각하며 준비하기 | 사고력 키우기

 오랜만에 친한 친구를 만나면 무슨 이야기를 할 거예요?
같이 뭘 하고 싶어요?

_____

 아래 그림을 보고 빈칸에 알맞은 단어를 써 보세요.

시골 쥐	도시 쥐	음식을 대접하다

 위의 그림은 어떤 상황일까요? 자유롭게 써 보세요.

_____

빨간색으로 표시된 단어의 뜻을 생각하면서 다음 이야기를 읽어 보세요.

시골 쥐와 도시 쥐는 어렸을 때부터 친한 친구였어요. 어느 날 시골 쥐는 도시 쥐가 보고 싶어져서 자기가 사는 시골로 놀러 오라고 초대를 했어요. 도시 쥐는 시골 쥐의 초대를 받고 신이 나서 알록달록 화려한 옷으로 치장하고선 기대에 부풀어 시골로 갔지요.

시골 쥐와 도시 쥐는 만나자마자 서로를 와락 껴안으며 반가워했어요. 시골 쥐는 도시 쥐의 손을 잡고 집 안으로 안내했어요. 시골 쥐는 도시 쥐를 위해 정성껏 준비한 음식을 내놓았어요.

"맘껏 먹어. 네가 온다고 해서 특별히 준비했어."

도시 쥐는 낡고 초라한 시골 쥐의 집을 보고 크게 실망했어요. 게다가 시골 쥐가 대접한 음식도 보리와 옥수수, 곡식 몇 톨이 전부라서 도시 쥐가 먹고 싶은 음식은 하나도 없었지요. 도시 쥐는 이런 생활을 하는 시골 쥐가 딱하다고 생각했어요.

"시골 쥐야. 너 이런 곳에서 사는 게 힘들지 않니? 내가 사는 도시로 한번 구경 오지 않을래? 우리 집은 깨끗하고 맛있는 음식들이 늘 산더미같이 쌓여 있어."

도시 쥐의 이야기를 들은 시골 쥐는 도시 쥐의 생활이 몹시 궁금해졌어요.

이야기를 읽고 맞으면 O, 틀리면 X 하세요.

1 시골 쥐는 도시 쥐가 보고 싶어서 자기 집으로 초대했어요.

2 도시 쥐는 시골 쥐가 준비한 음식들을 맛있게 먹었어요.

3 도시 쥐는 시골 쥐의 대접이 고마워서 자기 집에도 놀러 오라고 했어요.

추측한 어휘 확인하기

 다음 단어의 뜻과 비슷한 것에 체크하세요.

1 치장하고

☐ 가지고 가서　　　　☐ 예쁘게 꾸미고서

2 딱하다고

☐ 불쌍하다고　　　　☐ 부럽다고

3 산더미같이 쌓여 있어

☐ 조금 쌓여 있어　　　　☐ 많이 쌓여 있어

어울리는 것을 찾아 줄로 이으세요.

1 와락 •

2 기대에 •

3 맘껏 •

• 먹었어요

• 부풀었어요

• 껴안았어요

📎 **생각대로 표현하기**　　　　　　　　　　　　　　표현력 키우기

 다음 단어를 모두 사용해서 그림에 알맞은 이야기를 만들어 보세요.

1

| 사골 쥐 | 내놓았어요 | 준비한 |
| 음식 | 도시 쥐 | 정성껏 |

| 시 | 골 | 쥐 | 는 | | 도 | 시 | | 쥐 | 에 | 게 |

| | | | | | | | | | | 을 | | | | | | | . |

2

| 깨끗하고 | 산더미같이 | 쌓여 있어 |
| 우리집 | 신기한 | 음식들 |

우리집은 _____ .

 생각하며 준비하기 사고력 키우기

 지난 이야기에서 도시 쥐는 시골 쥐에게 자기가 사는 도시를 구경하러 오라고 했어요. 그렇게 말한 이유가 뭐예요?

_____

 시골 쥐는 도시 쥐의 집에 갔어요. 도시 쥐와 시골 쥐는 무슨 말을 했을까요? 자유롭게 써 봅시다.

도시 쥐: _____

시골 쥐: _____

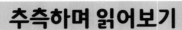
 빨간색으로 표시된 단어의 뜻을 생각하면서 다음 이야기를 읽어 보세요.

얼마 뒤 시골 쥐는 도시 쥐의 집을 찾아갔어요. 시골 쥐는 어마어마하게 큰 도시 쥐의 집을 보고 "와, 정말 멋지다!"라고 말하며 눈을 떼지 못했어요. 시골 쥐의 말에 도시 쥐는 우쭐했어요.

도시 쥐는 시골 쥐를 집 안으로 데려가 맛있는 음식들을 내주었어요. 꿀, 빵, 치즈, 과일, 과자… 지금까지 한 번도 먹어 보지 못한 음식들로 한가득 차려진 식탁을 보며 시골 쥐는 도시 쥐가 몹시 부러워졌어요.

맛있는 음식들을 보고 시골 쥐가 입맛을 다시며 치즈를 하나 집어 먹으려는 바로 그때, 열린 문틈 사이로 고양이 한 마리가 들이닥쳤어요. 쥐들은 화들짝 놀라 벽에 있는 구멍으로 후다닥 달아났어요. 시골 쥐는 너무 놀라 가슴이 콩닥콩닥 뛰었어요.

고양이가 돌아간 것을 확인하고 도시 쥐와 시골 쥐는 그제서야 안심하며 나와 다시 음식을 먹으려고 했어요. 그런데 이번에는 사람이 들어왔어요. 쥐들은 또 잽싸게 달아났어요.

이런 일이 반복되자 시골 쥐

는 배가 고픈 것도 잊었어요. 시골 쥐는 "나는 시골로 돌아갈래. 이렇게 불안에 떨면서 사는 것보다는 초라해도 마음 편히 사는 게 좋아."라고 말하고는 집으로 돌아갔어요.

 이야기를 읽고 맞으면 O, 틀리면 X 하세요.

1 시골 쥐의 칭찬을 받은 도시 쥐는 기분이 좋았어요. ☐

2 고양이가 돌아간 후 시골 쥐와 도시 쥐는 안심하고 음식을 먹었어요. ☐

3 시골 쥐는 초라한 시골 생활보다 도시 생활을 하고 싶어졌어요. ☐

추측한 어휘 확인하기　　　어휘력 키우기

 다음 단어의 뜻과 비슷한 것에 체크하세요.

1 우쭐했어요

　☐ 자랑스러웠어요　　　　☐ 실망했어요

2 입맛을 다시며

　☐ 맛이 없겠다고 생각하며　　　　☐ 먹고 싶어서 침을 삼키며

3 반복되자

　☐ 같은 일이 계속되자　　　　☐ 그 일이 끝나자

어울리는 것을 찾아 줄로 이으세요.

1 눈을 • • 달아났어요

2 화들짝 • • 떼지 못했어요

3 잽싸게 • • 놀랐어요

속담으로 생각하기

 다음 상황에 어울리는 속담을 골라 써 보세요.

시골 쥐는 도시 쥐의 집에서 음식을 먹으려고 할 때마다 고양이가 들이닥치고 사람이 와서 도망쳐야 했어요. 그래서 시골 쥐는 불안하고 마음이 매우 불편했어요.

☐ 바늘방석에 앉은 것 같다
☐ 티끌 모아 태산

 오늘의 속담 이야기

★ 바늘방석에 앉은 것 같다
어떤 곳이 너무 불편하고 불안해서 계속 있기 어렵다는 뜻이에요.

1주차 5일 〈개미와 베짱이〉 & 〈시골 쥐와 도시 쥐〉 복습하기

 어휘 확인하기

 다음 단어를 보고 아는 것에 ✔ 표시하세요.

개미와 베짱이 1	개미와 베짱이 2	시골 쥐와 도시 쥐 1	시골 쥐와 도시 쥐 2
☐ 주르륵	☐ 기운이 없다	☐ 치장하다	☐ 눈을 떼지 못하다
☐ 나르다	☐ 근심	☐ 기대에 부풀다	☐ 우쭐하다
☐ 빈둥빈둥	☐ 가득	☐ 와락	☐ 입맛을 다시다
☐ 티끌	☐ 초라하다	☐ 맘껏	☐ 화들짝
☐ 사방	☐ 괘씸하다	☐ 딱하다	☐ 잽싸게
☐ 혀를 차다	☐ 허겁지겁	☐ 산더미같이 쌓이다	☐ 반복되다

어휘 연습하기

개미와 베짱이 | 첫 번째 이야기

다음 그림을 보고 빈칸에 들어갈 말을 쓰세요.

티끌	혀를 찼어요	날랐어요

1 이사하는 날 온 가족이 힘을 모아서 짐을 ☐☐☐☐ .

2 눈에 ☐☐ 이 들어가서 따가웠어요.

3 틈만 나면 싸우는 형제들을 보고 어른들이 ☐☐ ☐☐☐ .

개미와 베짱이 | 두 번째 이야기

다음 그림을 보고 빈칸에 들어갈 말을 쓰세요.

기운이 없어요	근심	괘씸했어요

1 마음에 ☐☐ 이 있으면 행복하지 않아요.

2 배탈이 나서 하루 종일 아무것도 못 먹었더니 ☐☐☐ ☐☐☐ .

3 거짓말을 하고선 안 한 척하는 친구가 ☐☐☐☐ .

시골 쥐와 도시 쥐 | 첫 번째 이야기

 다음 그림을 보고 빈칸에 들어갈 말을 쓰세요.

기대에 부풀었어요	딱했어요	산더미같이 쌓여 있어요

1 생일에 놀이공원에 간다는 이야기를 듣고 ☐☐☐ ☐☐☐☐☐ .

2 방학 내내 놀기만 했더니 해야 할 숙제가 ☐☐☐☐☐ ☐☐
☐☐☐ .

3 주인을 잃은 강아지가 혼자 돌아다니는 것을 보니 ☐☐☐☐ .

시골 쥐와 도시 쥐 | 두 번째 이야기

 다음 그림을 보고 빈칸에 들어갈 말을 쓰세요.

눈을 떼지 못했어요	우쭐했어요	화들짝

1 날개 펼친 공작새를 보고 너무 예뻐서 ☐☐ ☐☐☐ ☐☐☐☐ .

2 깜깜한 밤에 갑자기 고양이가 나타나서 ☐☐☐ 놀랐어요.

3 선생님이 나에게 그림을 잘 그렸다고 칭찬해 주셔서 ☐☐☐☐ .

속담 연습하기

 다음 속담의 뜻으로 알맞은 것에 연결하세요.

1	티끌 모아 태산	어떤 곳이 너무 불편하고 불안해서 계속 있기 어려워요
2	바늘방석에 앉은 것 같다	작은 것도 열심히 모으면 큰 것으로 만들 수 있어요

 다음 상황에 들어갈 속담으로 알맞은 것을 골라 쓰세요.

> ★ 티끌 모아 태산
> ★ 바늘방석에 앉은 것 같다

1 친구 집에 놀러 갔는데 친구가 동생이랑 싸워서 엄마에게 계속 혼이 났다. 친구가 동생이랑도 싸우고 엄마에게도 혼이 나니 놀러 간 우리들은 _____ _____는 생각이 들어서 빨리 친구 집을 나오고 싶었다.

2 심부름할 때마다 할머니께 100원씩 용돈을 받았다. 두 달 동안 열심히 100원을 모아서 사고 싶었던 장난감을 살 수 있었다. 적은 돈이었지만 열심히 모았더니 내가 사고 싶은 장난감도 살 수 있는 돈이 되었다. _____ 이라는 속담이 정말 맞았다.

아래의 질문에 자유롭게 대답해 보세요.

1 작은 것을 열심히 모은 적이 있어요?
무엇을, 얼마나 많이 모았어요?
모은 것으로 무엇을 할 수 있었어요?

_____

_____

_____

2 어떤 장소에 갔을 때 불편하고 불안한 마음
이 들어서 집에 빨리 돌아가고 싶다고 생각
한 적이 있어요? 언제 그랬어요?

_____

_____

_____

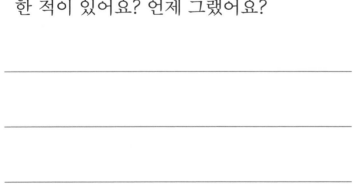

〈여우와 두루미〉 & 〈농부의 가르침〉

1일차 | 여우와 두루미 ①

가로채다   마음에 내키다

꼴깍

도저히

시치미를 떼다

눈살을 찌푸리다

공부한 날 ● 월 ● 일

2일차 | 여우와 두루미 ②

골탕 먹이다

풍기다

곤란하다

흘깃

쫄쫄   생각이 짧다

공부한 날 ● 월 ● 일

3일차 | 농부의 가르침 ①

틈이 나다

혀를 내두르다

타이르다

한 귀로 듣고 한 귀로 흘린다

걱정이 태산   골똘히

공부한 날 ● 월 ● 일

4일차 | 농부의 가르침 ②

단숨에   한심하다

거들먹거리다

마찬가지   슬며시

똘똘

공부한 날 ● 월 ● 일

5일차 | 복습하기

공부한 날 ● 월 ● 일

여우와 두루미 | 첫 번째 이야기

📎 **생각하며 준비하기**

 친구가 얄미운 적이 있었어요?
친구가 어떤 행동을 했을 때 얄밉다고 생각했어요?

_____

 아래 그림을 보고 질문에 대답해 보세요.

1 두루미는 스프를 먹을 수 있을까요? 생각을 자유롭게 써 보세요.

_____

2 두루미는 무슨 생각을 했을까요? 두루미의 생각을 자유롭게 써 보세요.

_____

추측하며 읽어보기

빨간색으로 표시된 단어의 뜻을 생각하면서 다음 이야기를 읽어 보세요.

어느 날, 두루미가 냇가에서 물고기를 잡고 있었어요. 두루미가 물고기를 덥석 물려는 순간, 옆에 있던 여우가 잽싸게 달려와 물고기를 가로채는 게 아니겠어요? 두루미는 물고기를 날름 먹어 치운 여우가 너무 얄미웠어요.

며칠 뒤 여우는 맛있는 저녁 식사를 대접하겠다며 두루미를 자신의 집으로 초대했어요. 두루미는 여우의 초대가 마음에 썩 내키지 않았지만, 여우의 집으로 가기로 했어요.

저녁 시간이 되자, 두루미는 여우의 집으로 갔어요.

"어서 와. 너를 위해 맛있는 수프를 준비했어."

맛있는 수프를 먹을 생각에 두루미는 침을 꼴깍 삼켰어요. 그런데 식탁 위를 보자 두루미는 너무 당황스러웠어요. 수프가 넓적한 접시에 담겨 있지 뭐예요? 두루미의 길고 뾰족한 부리로는 도저히 수프를 먹을 수가 없었어요.

"혹시 수프가 맛이 없니?"

여우는 시치미를 뚝 떼며 접시에 담긴 수프를 맛있게 핥아 먹었어요. 두루미는 그제야 여우에게 속은 것을 알고 눈살을 찌푸렸어요.

이야기를 읽고 맞으면 O, 틀리면 X 하세요.

1 두루미는 잡은 물고기를 여우에게 나눠 주었어요.

2 여우는 두루미를 집에 초대해서 수프를 대접했어요.

3 여우는 두루미가 수프가 맛이 없어서 먹지 못한다고 생각했어요.

📎 **추측한 어휘 확인하기**   어휘력 키우기

 다음 단어의 뜻과 비슷한 것에 체크하세요.

1 마음에 썩 내키지 않았지만

☐ 오랫동안 기다리지 않았지만   ☐ 마음에 들지 않았지만

2 시치미를 뚝 떼며

☐ 모르는 척하며   ☐ 잘 아는 척하며

3 눈살을 찌푸렸어요

☐ 싫어서 눈 사이를 찡그렸어요   ☐ 깜짝 놀라 눈을 크게 했어요

어울리는 것을 찾아 줄로 이으세요.

1 도저히 •   • 삼켰어요

2 물고기를 •   • 가로챘어요

3 침을 꼴깍 •   • 할 수 없었어요

생각대로 표현하기   표현력 키우기

 다음 단어를 모두 사용해서 그림에 알맞은 이야기를 만들어 보세요.

1

두루마	먹은	날름
여우	물고기	얄미웠어요

두	루	미	는				를						

여	우	가						.

2

여우	수프	핥아 먹었어요
맛있게		시치미를 뚝 떼며

여우는 _____ .

여우와 두루미 | 두 번째 이야기

2주차 2일

 ## 생각하며 준비하기

사고력 키우기

 다음은 지난 이야기에서 나온 표현이에요. 누구의 행동이었어요?
찾아 써 보세요.

① 물고기를 가로챘어요

② 날름 먹어 치웠어요

③ 마음에 썩 내키지 않았어요

④ 침을 꼴깍 삼켰어요

⑤ 시치미를 뚝 뗐어요

⑥ 눈살을 찌푸렸어요

①,

 넓은 접시에 담긴 수프를 먹을 수 없었던 두루미는 화가 났어요.
여러분이 두루미라면 어떻게 할 것 같아요?

빨간색으로 표시된 단어의 뜻을 생각하면서 다음 이야기를 읽어 보세요.

여우에게 속은 두루미는 여우를 골탕 먹이고 싶어졌어요.

며칠 뒤, 두루미는 여우를 저녁 식사에 초대했어요. 여우는 별다른 의심 없이 가겠다고 했지요. 그날따라 배가 많이 고팠던 여우는 저녁 시간이 되자 서둘러 두루미의 집으로 향했어요. 두루미는 여우를 반갑게 맞이하며 식탁으로 안내했어요. 부엌에서 맛있는 수프 냄새가 솔솔 풍겼어요. 여우는 자리에 앉아 음식이 나오기만을 기다렸어요.

그런데 음식이 나오자 여우는 곤란해졌어요. 두루미가 기다랗고 좁은 병에 수프를 담아온 거예요. 여우는 입을 동그랗게 모아 수프를 먹어 보려고 했지만 쉽지 않았어요. 여우의 짧은 주둥이는 긴 병에 담겨 있는 수프를 먹기에 너무 불편했거든요. 두루미는 힘겨워하는 여우를 흘깃 쳐다보고는 긴 부리를 이용해 편하게 수프를 먹었어요. 여우가 할 수 있는 건 아무것도 없었어요. 여우는 결국 쫄쫄 굶은 채로 힘없이 집으로 돌아갔어요.

'내가 두루미를 초대했을 때 두루미가 이런 기분이었겠구나. 내가 생각이 짧았어.'

여우는 자신의 행동을 되돌아보며 후회했어요.

이야기를 읽고 맞으면 O, 틀리면 X 하세요.

1 두루미는 여우에게 식사 대접을 하고 싶어서 여우를 초대했어요. ☐

2 여우는 주둥이를 동그랗게 모아 좁은 병에 든 스프를 먹었어요. ☐

3 여우는 지난번 자신이 두루미에게 한 행동을 후회했어요. ☐

📎 추측한 어휘 확인하기   어휘력 키우기

 다음 단어의 뜻과 비슷한 것에 체크하세요.

1 골탕을 먹이고 싶었어요

☐ 불편하게 만들고 싶었어요   ☐ 대접해 주고 싶었어요

2 곤란해졌어요

☐ 불편하고 힘들어졌어요   ☐ 편하고 좋아졌어요

3 생각이 짧았어

☐ 충분히 생각했지만 결과가 나빴어

☐ 생각이 부족해서 좋은 행동을 못 했어

어울리는 것을 찾아 줄로 이으세요.

1 냄새를 •   • 풍겼어요

2 흘깃 •   • 굶었어요

3 쫄쫄 •   • 쳐다봤어요

속담으로 생각하기

 다음 상황에 어울리는 속담을 골라 써 보세요.

여우가 두루미에게 나쁜 행동을 했기 때문에 두루미도 여우를 나쁘게 대했어요. 여우가 두루미에게 좋은 말과 행동을 했다면 두루미도 여우에게 친절을 베풀었을 거예요.

☐ 바늘방석에 앉은 것 같다

☐ 가는 말이 고와야 오는 말이 곱다

_____

 오늘의 속담 이야기

★ 가는 말이 고와야 오는 말이 곱다

내가 남에게 잘해야 남도 나에게 잘한다는 뜻이에요.

2주차 3일 농부의 가르침 | 첫 번째 이야기

 생각하며 준비하기

 언니나 오빠, 형이나 누나, 동생들과 싸운 적이 있었어요?
형제나 자매가 없다면 친구와 싸운 적이 있었어요? 왜 싸웠어요?

_____

 형제나 자매, 또는 친구와 싸웠을 때 부모님이 뭐라고 타이르셨어요?

_____

 매일 싸우는 세 형제가 있어요. 세 형제에게 아버지는 무슨 이야기를 했을까요?
아버지의 말을 자유롭게 써 보세요

추측하며 읽어보기

빨간색으로 표시된 단어의 뜻을 생각하면서 다음 이야기를 읽어 보세요.

어느 마을에 세 아들을 둔 농부가 있었어요. 농부의 집은 단 하루도 조용할 날이 없었어요. 세 아들이 틈만 나면 으르렁대며 싸웠기 때문이에요. 세 아들이 싸울 때면 어찌나 시끄러운지 마을 사람들조차 혀를 내두를 정도였어요. 농부는 그럴 때마다 세 아들을 조곤조곤 타일렀어요.

"얘들아. 그만 싸우고 이제 사이좋게 지내도록 해라. 형제끼리 서로 더 아껴주고 사랑해 주어야 하지 않겠니?"

하지만 세 아들은 아버지의 말을 한 귀로 듣고 한 귀로 흘리기 일쑤였어요. 농부는 날이 갈수록 걱정이 태산이었어요.

'말로 타이르는 방법은 이제 더는 어렵겠어. 그렇지만 언제까지고 싸우게 놔둘 수는 없는데….'

농부는 골똘히 다른 방법을 생각하기 시작했어요.

며칠 뒤, 농부는 세 아들을 불러 심부름을 시켰어요.

"지금 당장 밖에 나가서 각자 나뭇단을 하나씩 가져오너라."

세 아들은 아버지의 갑작스러운 심부름에 어리둥절했어요. 그래도 세 아들은 아버지가 시킨 대로 나뭇단을 하나씩 가지고 왔어요.

 이야기를 읽고 맞으면 O, 틀리면 X 하세요.

1 형제들이 시끄럽게 싸울 때마다 이웃들은 형제를 혼냈어요.

2 형제들은 아버지의 말씀을 듣고 서로 아껴주기로 약속했어요.

3 아버지는 형제들에게 나뭇단을 가져오라는 심부름을 시켰어요.

 추측한 어휘 확인하기 어휘력 키우기

 다음 단어의 뜻과 비슷한 것에 체크하세요.

1 혀를 내두를 정도
　□ 너무 놀라서 말을 못 하는　　□ 혀를 입 밖으로 내며 놀리는

2 한 귀로 듣고 한 귀로 흘렸어요
　□ 남의 말을 열심히 들었어요　　□ 남의 말을 주의 깊게 안 들었어요

3 걱정이 태산
　□ 걱정이 많아요　　□ 큰 걱정이 없어요

어울리는 것을 찾아 줄로 이으세요.

1 | 틈이 | •   • | 생각했어요

2 | 조곤조곤 | •   • | 타일렀어요

3 | 골똘히 | •   • | 났어요

📎 생각대로 표현하기   표현력 키우기

 다음 단어를 모두 사용해서 그림에 알맞은 이야기를 만들어 보세요.

1

| 세 아들 | 싸웠어요 |
| 으르렁대며 | 틈만 나면 |

| 세 | 아 | 들 | 은 | | | | | | | | | | | | | | |

| | | | | .

2

| 아버지의 말 | 지내라는 | 세 아들 |
| 사이좋게 | 한 귀로 듣고 한 귀로 흘렸어요 |

세 아들은 _____ .

44

농부의 가르침 | 두 번째 이야기

 생각하며 준비하기 　　　　　　　　　　　　　　　　 사고력 키우기

 혼자서는 할 수 없었는데 친구와 힘을 모아 할 수 있던 일이 있었어요?
언제, 무엇을 할 때 그랬어요?

_____

 아래 두 그림 중 어느 것을 꺾기가 더 쉬울까요?
왜 그렇게 생각하는지 자유롭게 써 보세요.

〈나뭇가지〉

〈나뭇단〉

_____

 지난 이야기에서 아버지는 세 아들에게 나뭇단을 가져오라고 했어요.
아버지는 왜 그런 심부름을 시켰을까요? 자기 생각을 자유롭게 써 보세요.

_____

_____

_____

추측하며 읽어보기

 빨간색으로 표시된 단어의 뜻을 생각하면서 다음 이야기를 읽어 보세요.

농부는 세 아들에게 말했어요.

"각자 가져온 나뭇단을 꺾어 보아라."

먼저 첫째가 단숨에 나뭇단을 꺾으려 했어요. 하지만 나뭇단은 조금도 꺾이지 않았어요. 둘째가 '풋' 하고 형을 비웃었어요.

"고작 나뭇단 하나를 못 꺾다니 한심하군. 내가 형보다 힘이 세니 내가 해 보지."

둘째는 거들먹거리며 나뭇단을 꺾으려 했어요. 그러나 좀처럼 꺾이지 않았어요. 뒤이어 막내도 마찬가지로 실패했지요. 당황하는 세 아들을 보고 농부는 다시 말했어요.

"이번에는 나뭇단을 풀고 나뭇가지를 하나씩 꺾어 보아라."

세 아들은 아버지가 시키는 대로 나뭇단을 풀고 나뭇가지를 하나씩 꺾어 보았어요. 그러자 나뭇가지가 쉽게 뚝 꺾이는 거예요.

그 모습을 보던 농부가 슬며시 웃으며 말했어요.

"내가 무엇을 말하려 하는지 알겠느냐. 너희 셋이 똘똘 뭉치면 어떠한 어려움이 오더라도 단단한 나뭇단처럼 절대 꺾이지 않겠지. 그러나

너희가 하나씩 흩어져 싸우기만 한다면 언제라도 쉽게 꺾이고 말 거란다."

　세 아들은 아버지의 뜻을 그제야 이해했어요. 그 뒤 세 아들은 늘 사이좋게 지냈다고 해요.

 이야기를 읽고 맞으면 O, 틀리면 X 하세요.

1 농부는 세 아들에게 가져온 나뭇단을 꺾어 보라고 했어요. ☐

2 첫째보다 힘이 센 둘째는 나뭇단을 단숨에 꺾을 수 있었어요. ☐

3 농부는 세 아들에게 흩어져 싸우지 말고 서로 힘을 뭉치라고 했어요. ☐

📎 추측한 어휘 확인하기　　　　　　　　어휘력 키우기

 다음 단어의 뜻과 비슷한 것에 체크하세요.

1 한심하군

　☐ 너무 못해서 어이가 없군　　　☐ 못하지만 이해는 되는군

2 거들먹거리며

　☐ 고개를 갸우뚱거리며　　　　☐ 잘난 척하며

3 마찬가지로

　☐ 같이　　　　　　　　　　　☐ 다르게

어울리는 것을 찾아 줄로 이으세요.

1 단숨에 ● ● 웃었어요

2 슬며시 ● ● 꺾었어요

3 똘똘 ● ● 뭉쳤어요

📎 속담으로 생각하기 표현력 키우기

 다음 상황에 어울리는 속담을 골라 써 보세요.

나뭇단이 잘 꺾이지 않았던 것처럼 형제가 각자 흩어져서 싸우지 않고 힘을 합하면 많은 일을 할 수 있을 거라고 아버지가 말씀하셨어요

☐ 백지장도 맞들면 낫다

☐ 가는 말이 고와야 오는 말이 곱다

 오늘의 속담 이야기

★ 백지장도 맞들면 낫다
아무리 쉬운 일이라도 힘을 합하면 더 쉽게 많은 일을 할 수 있다는 뜻이에요.

2주차 5일 <여우와 두루미> & <농부의 가르침> 복습하기

 ## 어휘 확인하기

 다음 단어를 보고 아는 것에 ✔ 표시하세요.

여우와 두루미 1	여우와 두루미 2	농부의 가르침 1	농부의 가르침 2
☐ 가로채다	☐ 골탕 먹이다	☐ 틈이 나다	☐ 단숨에
☐ 마음에 내키다	☐ 풍기다	☐ 혀를 내두르다	☐ 한심하다
☐ 꼴깍	☐ 곤란하다	☐ 타이르다	☐ 거들먹거리다
☐ 도저히	☐ 흘깃	☐ 한 귀로 듣고 한 귀로 흘린다	☐ 마찬가지
☐ 시치미를 떼다	☐ 쫄쫄	☐ 걱정이 태산	☐ 슬며시
☐ 눈살을 찌푸리다	☐ 생각이 짧다	☐ 골똘히	☐ 똘똘

🔗 어휘 연습하기

여우와 두루미 | 첫 번째 이야기

다음 그림을 보고 빈칸에 들어갈 말을 쓰세요.

가로챘어요	시치미를 뚝 뗐어요	눈살을 찌푸렸어요

1 케이크를 몰래 먹고 안 먹은 것처럼 ☐☐☐☐ ☐ ☐☐☐ .

2 여우가 두루미의 물고기를 ☐☐☐☐☐ .

3 쓰레기를 아무 곳에나 버리는 사람을 보고 ☐☐☐ ☐☐☐☐☐ .

여우와 두루미 | 두 번째 이야기

다음 그림을 보고 빈칸에 들어갈 말을 쓰세요.

생각이 짧았어	쫄쫄	곤란했어요

1 미안해. 나 때문에 기분 나빴지? 내가 ☐☐☐ ☐☐☐ .

2 친한 친구 둘이 싸워서 그 사이에서 ☐☐☐☐☐ .

3 집에 먹을 것이 없어서 하루 종일 ☐☐ 굶었어요.

농부의 가르침 | 첫 번째 이야기

 다음 그림을 보고 빈칸에 들어갈 말을 쓰세요.

| 타이르셨어요 | 한 귀로 듣고 한 귀로 흘려요 | 골똘히 |

1 동생과 싸웠을 때 아빠가 우리를 조곤조곤 ☐☐☐☐☐☐ .

2 내 친구는 선생님 말씀을 열심히 듣지 않아요. 선생님 말씀을 ☐ ☐☐

☐☐ ☐☐ ☐☐ ☐☐ .

3 수학 문제를 어떻게 풀어야 할지 ☐☐☐ 생각했어요.

농부의 가르침 | 두 번째 이야기

 다음 그림을 보고 빈칸에 들어갈 말을 쓰세요.

| 단숨에 | 거들먹거렸어요 | 마찬가지 |

1 목이 말라서 물 한 컵을 ☐☐☐ 마셨어요.

2 친구가 덧셈은 식은 죽 먹기라면서 ☐☐☐☐☐☐☐ .

3 친구와 ☐☐☐☐ 로 나도 고양이를 좋아해요.

다음 속담의 뜻으로 알맞은 것에 연결하세요.

1 백지장도
맞들면 낫다

• 아무리 쉬운 일이라도 힘을 합하면
더 많은 일을 할 수 있어요

2 가는 말이 고와야
오는 말이 곱다

• 내가 남에게 잘해야
남도 나에게 잘해요

 다음 상황에 들어갈 속담으로 알맞은 것을 골라 쓰세요.

★ 백지장도 맞들면 낫다

★ 가는 말이 고와야 오는 말이 곱다

1 준서는 다른 친구에게 항상 미운 말과 행동을 한다. 친구들에게 "바보 같다."라고 말하거나 "저리 비켜."라고 하면서 친구들을 밀치기 일쑤이다. 이제는 친구들도 "_____"라고 말하면서 준서에게 친절하게 대하지 않는다.

2 학교에서 모둠 활동을 하는데 친구들의 의견이 서로 맞지 않아 각자 따로따로 숙제를 하게 되었다. 힘을 합쳐 활동을 한 다른 모둠에서는 숙제를 빨리 잘 끝냈는데 우리 모둠만 다 끝내지 못하고 결과도 좋지 않았다.

_____ 고 하더니 정말 그 말이 맞다.

아래의 질문에 자유롭게 대답해 보세요.

1 어떤 일을 친구하고 함께 해서 더 쉽게,
더 잘할 수 있었던 적이 있어요?
언제, 무슨 일을 했을 때 그랬어요?

_____

_____

_____

2 친구에게 말이나 행동을 밉게 한 적이 있어
요? 그때 친구가 나에게 어떻게 했어요?

_____

_____

_____

〈양치기 소년〉 & 〈제 꾀에 넘어간 당나귀〉

1일차 | 양치기 소년 ①

따분하다   두리번두리번

무릎을 탁 치다

헐레벌떡

눈을 씻고 보아도

배꼽을 잡고 웃다

공부한 날   월   일

2일차 | 양치기 소년 ②

눈만 뜨면   씩씩거리다

목이 터져라 외치다

분명하다

눈 밖에 나다   동동

공부한 날   월   일

3일차 | 제 꾀에 넘어간 당나귀 ①

짊어지다

발을 헛디디다

허우적허우적

간신히

원인

눈을 피하다

공부한 날   월   일

4일차 | 제 꾀에 넘어간 당나귀 ②

언짢다   뜨거운 맛을 보다

다다르다

안간힘을 다하다

한 발짝도 움직일 수 없다

흠뻑

공부한 날   월   일

5일차 | 복습하기

공부한 날   월   일

54

양치기 소년 | 첫 번째 이야기

📎 **생각하며 준비하기**

 거짓말을 한 적이 있어요? 어떤 거짓말을 했어요?

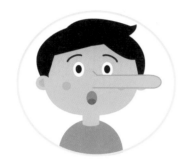

_____

_____

_____

 매일 혼자서 양을 돌보느라 심심한 양치기 소년이 있어요.
여러분이 양치기 소년이라면 뭘 할 것 같아요? 자유롭게 써 보세요.

추측하며 읽어보기

빨간색으로 표시된 단어의 뜻을 생각하면서 다음 이야기를 읽어 보세요.

어느 마을에 양치기 소년이 살고 있었어요. 소년은 풀밭에서 양 떼를 지키는 일을 했어요. 그런데 소년은 언제나 혼자여서 심심했어요.

'혼자서 종일 양들만 보고 있으려니 따분해 죽겠네. 어디 재미있는 일 없나?'

소년은 두리번두리번 주위를 둘러보더니 기가 막힌 생각이 떠올랐는지 무릎을 탁 치며 일어났어요.

'바로 그거야!'

소년은 사람들이 있는 쪽을 향해 크게 소리쳤어요.

"늑대다! 늑대가 나타났다! 늑대가 양을 물어 가고 있어요!"

마을 사람들은 일하다 말고 깜짝 놀라 저마다 몽둥이를 들고 헐레벌떡 달려왔어요. 하지만 마을 사람들은 이내 당황했어요. 눈을 씻고 보아도 늑대의 그림자조차 보이지 않았기 때문이에요. 오직 양 떼들만이 한가롭게 풀을 뜯고 있었지요.

소년은 한달음에 달려온 마을 사람들을 보며 배꼽을 잡고 웃었어요.

"심심해서 장난 좀 쳐 봤어요. 다음에 늑대가 오면 이렇게 외치면 되겠죠?"

소년의 말에 마을 사람들은 허탈해하며 일터로 돌아갔어요.

 이야기를 읽고 맞으면 O, 틀리면 X 하세요.

1 소년은 혼자서 양을 돌보는 일이 너무나 재미있었어요.

2 소년은 마을 사람들에게 늑대가 나타났다고 거짓말을 했어요.

3 소년은 미안한 마음이 들어 마을 사람들에게 사과했어요.

추측한 어휘 확인하기

어휘력 키우기

 다음 단어의 뜻과 비슷한 것에 체크하세요.

1 따분해

☐ 지루해　　　　　　　　☐ 즐거워

2 눈을 씻고 보아도

☐ 눈을 깨끗이 씻은 다음에 봐도　　　☐ 정신을 차리고 집중해서 봐도

3 배꼽을 잡고 웃었어요

☐ 웃음을 못 참고 크게 웃었어요　　　☐ 배꼽을 잡았더니 웃음이 났어요

어울리는 것을 찾아 줄로 이으세요.

1 두리번두리번 •   • 달려왔어요

2 무릎을 탁 •   • 둘러보았어요

3 헐레벌떡 •   • 쳤어요

 다음 단어를 모두 사용해서 그림에 알맞은 이야기를 만들어 보세요.

1

| 마을 | 사람들 | 달려왔어요 |
| 일하다 말고 | 헐레벌떡 | 깜짝 | 놀라 |

| | | 사 | 람 | 들 | 은 | | | | | | | |

| | | 놀 | 라 | | | | | | | | | | . |

2

| 소년 | 마을 사람들 | 보며 | 달려온 |
| 한달음에 | | 배꼽을 잡고 웃었어요 |

소년은 _____ .

58

양치기 소년 | 두 번째 이야기

 ## 생각하며 준비하기

 다음은 지난 이야기에서 나온 표현이에요. 누구의 말이나 행동이었어요?
찾아 써 보세요.

① 따분해 죽겠네   ② 허탈해하며 일터로 돌아갔어요

③ 무릎을 탁 치며 일어났어요   ④ 헐레벌떡 뛰어왔어요

⑤ 두리번두리번 둘러봤어요   ⑥ 배꼽을 잡고 웃었어요

⑦ 눈을 씻고 보아도 늑대가 안 보였어요

 ①,

 양치기 소년은 앞으로 거짓말을 다시 할까요? 여러분이 마을 사람이라면
양치기 소년이 다시 거짓말을 할 때 어떻게 할 것 같아요?

빨간색으로 표시된 단어의 뜻을 생각하면서 다음 이야기를 읽어 보세요.

며칠 뒤, 소년은 또 장난을 치고 싶었어요. 그래서 큰 소리로 외쳤어요.

"늑대다! 늑대가 나타났다!"

마을 사람들은 이번에도 몽둥이를 들고 급히 달려왔어요. 역시나 늑대는 보이지 않았지요. 소년은 뻔뻔한 얼굴로 말했어요.

"아까 늑대가 나타났었는데요. 흠, 늑대가 어디로 갔더라."

"네 녀석은 정말 눈만 뜨면 거짓말을 하는구나!"

마을 사람들은 두 번이나 속은 게 화가 나 씩씩거리며 돌아갔어요.

그런데 어느 날이었어요. 이번엔 진짜 늑대가 나타난 게 아니겠어요! 늑대는 양들을 닥치는 대로 잡아먹었어요. 소년은 덜컥 겁이 나 목이 터져라 외쳤어요.

"진짜 늑대가 나타났어요! 도와주세요!"

그러나 마을 사람들은 소년의 말을 믿지 않았어요.

"또 속을 줄 알고? 저 녀석이 이번에도 거짓말을 하는 게 분명해."

두 번의 거짓말로 소년은 마을 사람들

의 눈 밖에 나버린 모양이었어요. 아무도 오지 않자 소년은 발을 동동 구르며 어쩔 줄 몰라 했어요. 결국 거짓말쟁이 소년은 소중한 양들을 늑대에게 전부 잃고 말았어요.

 이야기를 읽고 맞으면 O, 틀리면 X 하세요.

1 소년은 두 번이나 거짓말을 해서 마을 사람들을 속였어요.

2 마을 사람들은 결국 아무도 소년의 말을 믿지 않았어요.

3 진짜 늑대가 나타나자 마을 사람들 몇 명이 달려와 주었어요.

📎 추측한 어휘 확인하기   어휘력 키우기

 다음 단어의 뜻과 비슷한 것에 체크하세요.

1 눈만 뜨면

☐ 잠을 깰 때마다   ☐ 깨어 있을 때면 항상

2 분명해

☐ 어떤 것이 틀리지 않고 확실해   ☐ 어떤 것이 흐리게 보여

3 눈 밖에 나버린

☐ 믿음을 잃고 미움을 받게 된   ☐ 눈 밖으로 사라져 잘 안 보이는

어울리는 것을 찾아 줄로 이으세요.

1 화가 나 •   • 씩씩거렸어요

2 목이 터져라 •   • 굴렀어요

3 발을 동동 •   • 외쳤어요

📎 **속담으로 생각하기**

 다음 상황에 어울리는 속담을 골라 써 보세요.

양치기 소년은 심심해서 마을 사람들에게 늑대가 나타났다고 거짓말을 했어요. 소년의 거짓말에 두 번이나 속은 마을 사람들은 늑대가 진짜 나타났을 때 또 거짓말이라고 생각하고 아무도 도와주러 가지 않았어요.

☐ 백지장도 맞들면 낫다

☐ 콩 심은 데 콩 나고 팥 심은 데 팥 난다

 오늘의 속담 이야기

★ **콩 심은 데 콩 나고 팥 심은 데 팥 난다**
모든 일은 원인에 따라 결과가 나타난다는 뜻이에요.

제 꾀에 넘어간 당나귀 | 첫 번째 이야기

생각하며 준비하기　　　　사고력 키우기

 어떤 일을 하기 싫었던 적이 있어요? 하기 싫었던 일들을 적어 보세요.

저는 수학 숙제를 하기 싫어요.

_____

_____

_____

 하기 싫은 일을 안 하려고 꾀를 부린 적이 있어요?
언제, 어떻게 꾀를 부렸어요?

_____

 당나귀의 등에 있던 무거운 짐이 아주 가벼워졌어요. 당나귀는 어떻게 무거운 짐을 가볍게 만든 걸까요? 자유롭게 상상하고 써 보세요.

_____

추측하며 읽어보기

빨간색으로 표시된 단어의 뜻을 생각하면서 다음 이야기를 읽어 보세요.

　　당나귀와 소금 장수가 시장에 가던 길이었어요. 당나귀는 등에 무거운 소금 자루를 짊어지고 있었지요.

　　강을 건너던 때였어요. 당나귀가 소금 자루의 무게를 견디기 힘들었는지, 휘청휘청 걷다가 발을 헛디뎌 강물에 첨벙! 빠지고 말았지 뭐예요. 당나귀는 물속에서 허우적허우적 버둥대다가 간신히 빠져나올 수 있었어요.

　　그런데 뭔가 이상했어요. 무거웠던 소금 자루가 굉장히 가벼워진 게 아니겠어요? 소금이 물에 잠겨 모두 녹아버렸기 때문이었어요.

　　'도대체 무슨 일이 일어난 거지? 물에 빠지니까 등이 가벼워졌잖아!'

　　당나귀는 그 원인을 몰랐지만 가벼워진 게 신이 나서 콧노래를 부르며 갔어요.

　　다음 날, 당나귀는 또다시 소금 자루를 등에 짊어지고 시장에 가게 되었어요. 당나귀는 지난번 일을 떠올렸어요.

　　'지난번에 물에 빠지니까 등이 가벼워졌지? 이번에도 물에 빠져야겠다!'

　　당나귀는 소금 장수의 눈을 피해 일부러 물에 빠졌어요.

"어라? 이 녀석이 왜 이래!"

　소금 장수의 당황한 모습에 당나귀는 피식 웃음이 나왔어요. 당나귀는 이번에도 역시 가벼운 몸으로 돌아갈 수 있었지요.

 이야기를 읽고 맞으면 O, 틀리면 X 하세요.

1　당나귀는 평소에 소금 자루의 무게가 견딜 만했어요.　☐

2　당나귀는 무거웠던 소금 자루가 가벼워진 이유를 알게 됐어요.　☐

3　소금 장수는 당나귀가 또다시 물에 빠지자 당황했어요.　☐

📎 추측한 어휘 확인하기　　　어휘력 키우기

 다음 단어의 뜻과 비슷한 것에 체크하세요.

1　간신히

　☐ 쉽게　　　　　　☐ 겨우

2　원인

　☐ 일이 생긴 이유　　☐ 일의 결과

3　눈을 피해

　☐ 다른 사람이 보는 것을 피해　　☐ 눈을 맞지 않으려고 피해

어울리는 것을 찾아 줄로 이으세요.

1 발을 • • 짚어졌어요

2 허우적허우적 • • 버둥댔어요

3 짐을 • • 헛디뎠어요

📎 생각대로 표현하기

표현력 키우기

 다음 단어를 모두 사용해서 그림에 알맞은 이야기를 만들어 보세요.

1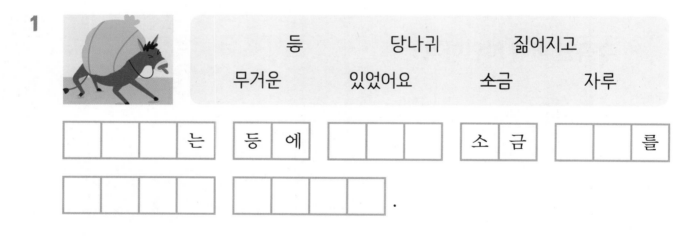

등   당나귀   짊어지고

무거운   있었어요   소금   자루

| | | | 는 | 등 | 에 | | | | 소 | 금 | | | 를 |

| | | | | | | | | | . |

2

당나귀   눈을 피해   물에

일부러   소금장수   빠졌어요

당나귀는 _____ .

제 꾀에 넘어간 당나귀 | 두 번째 이야기

 생각하며 준비하기　　　　　　　　　　　사고력 키우기

 지난 이야기에서 당나귀는 일부러 물에 빠졌어요.
이때 당나귀와 소금 장수는 각각 어떤 생각을 하고 있었을까요?

소금 장수 : _____

당나귀 　　 : _____

 지난 이야기에서 무거웠던 소금 자루가 왜 가벼워졌어요?
그 이유를 생각하고 써 보세요.

_____

 여러분이 당나귀였다면, 무거운 짐을 줄이기 위해 어떻게 했을 것 같아요?

 저는 차라리 소금 장수한테
짐을 줄여달라고
부탁했을 것 같아요.

_____

빨간색으로 표시된 단어의 뜻을 생각하면서 다음 이야기를 읽어 보세요.

당나귀가 두 번이나 물에 빠지는 바람에 소금을 팔지 못하게 된 소금 장수는 기분이 몹시 언짢았어요. 소금 장수는 지난 일을 곰곰이 떠올리더니 당나귀를 의심하기 시작했어요.

'저 녀석이 꾀를 부리는 게 분명해. 어디 한번 뜨거운 맛을 봐야 정신을 차리지.'

며칠 뒤, 소금 장수는 당나귀의 등에 소금이 아닌 솜을 실었어요. 당나귀는 무엇이 실렸는지 전혀 알지 못했어요. 그저 지난번보다 가벼운 짐인 것 같아 기분이 좋았어요.

어느덧 강물에 다다르자 당나귀는 이번에도 꾀를 냈어요.

'지난번보다 훨씬 가벼운 짐이니까 물에 빠지면 아무것도 없는 느낌일 거야.'

당나귀는 일부러 비틀거리다가 강물에 풍덩 뛰어들었어요. 그런데 이게 웬일이에요? 도저히 일어날 수가 없는 거예요. 당나귀는 무척이나 당황스러웠어요.

'엇, 이상하다. 분명 가벼워져야 하는데…!'

당나귀는 안간힘을 다해 겨우

물 위로 올라왔어요. 하지만 한 발짝도 움직일 수가 없었어요. 솜이 물에 흠뻑 젖어 몇 배로 더 무거워졌기 때문이었죠. 당나귀는 결국 지난번보다 훨씬 무거운 짐을 짊어진 채 시장에 가게 되었어요.

 이야기를 읽고 맞으면 O, 틀리면 X 하세요.

1 소금 장수는 두 번이나 물에 빠진 당나귀가 무척 걱정됐어요. ☐

2 당나귀는 등에 솜을 짊어진 채로 일부러 강물에 뛰어들었어요. ☐

3 솜이 물을 흠뻑 먹어서 몇 배나 더 무거워졌어요. ☐

📎 추측한 어휘 확인하기   어휘력 키우기

 다음 단어의 뜻과 비슷한 것에 체크하세요.

1 언짢았어요

☐ 안 좋았어요   ☐ 서운했어요

2 뜨거운 맛을 봐야

☐ 힘듦을 느끼게 해야   ☐ 뜨거운 음식을 먹어 봐야

3 강물에 다다르자

☐ 강물에 발을 담그자   ☐ 강물에 도착하자

어울리는 것을 찾아 줄로 이으세요.

1 한 발짝도 •   • 다했어요

2 안간힘을 •   • 못 움직였어요

3 흠뻑 •   • 젖었어요

속담으로 생각하기 표현력 키우기

 다음 상황에 어울리는 속담을 골라 써 보세요.

당나귀는 등에 짊어진 짐을 가볍게 하려고 꾀를 부리다가 오히려 짐이 더 무거워지고 말았어요.

☐ 콩 심은 데 콩 나고 팥 심은 데 팥 난다

☐ 혹 떼러 갔다가 혹 붙여 온다

 오늘의 속담 이야기

★ 혹 떼러 갔다가 혹 붙여 온다
편하게 하려고 꾀를 부리다가 더 힘들게 된다는 뜻이에요.

 어휘 확인하기

 다음 단어를 보고 아는 것에 ✓ 표시하세요.

양치기 소년 1	양치기 소년 2	제 꾀에 넘어간 당나귀 1	제 꾀에 넘어간 당나귀 2
☐ 따분하다	☐ 눈만 뜨면	☐ 짊어지다	☐ 언짢다
☐ 두리번두리번	☐ 씩씩거리다	☐ 발을 헛디디다	☐ 뜨거운 맛을 보다
☐ 무릎을 탁 치다	☐ 목이 터져라 외치다	☐ 허우적허우적	☐ 다다르다
☐ 헐레벌떡	☐ 분명하다	☐ 간신히	☐ 안간힘을 다하다
☐ 눈을 씻고 보아도	☐ 눈 밖에 나다	☐ 원인	☐ 한 발짝도 움직일 수 없다
☐ 배꼽을 잡고 웃다	☐ 동동	☐ 눈을 피하다	☐ 흠뻑

어휘 연습하기

 다음 그림을 보고 빈칸에 들어갈 말을 쓰세요.

| 무릎을 탁 쳤어요 | 눈을 씻고 보아도 | 배꼽을 잡고 웃었어요 |

1 만화가 정말 재미있어서 ☐☐☐ ☐☐ ☐☐☐☐☐ .

2 서점에 갔을 때 ☐☐ ☐☐ ☐☐ 읽고 싶은 책이 없었다.

3 문제를 해결할 수 있는 좋은 생각이 나서 ☐☐☐ ☐ ☐☐ .

다음 그림을 보고 빈칸에 들어갈 말을 쓰세요.

| 눈만 뜨면 | 씩씩거렸어요 | 눈 밖에 났어요 |

1 동생과 싸우고선 화가 안 풀려서 계속 ☐☐☐☐☐☐ .

2 매일 말썽을 피우는 아이가 이웃 어른들의 ☐☐☐☐☐☐ .

3 동생은 ☐☐ ☐☐ 사탕을 달라고 떼를 쓰며 울었어요.

72

다음 그림을 보고 빈칸에 들어갈 말을 쓰세요.

발을 헛디뎌서   간신히   눈을 피했어요

1 늦잠을 잤지만 학교까지 열심히 뛰어가서 ⬚⬚⬚ 지각을 안 했어요.

2 잘못을 저지른 학생은 고개를 숙이고 선생님의 ⬚⬚ ⬚⬚⬚⬚ .

3 계단이 더 있는 줄 알고 ⬚⬚ ⬚⬚⬚⬚ 넘어질 뻔 했어요.

다음 그림을 보고 빈칸에 들어갈 말을 쓰세요.

언짢았어요   안간힘을 다해서   흠뻑

1 운동회 때 ⬚⬚⬚⬚ ⬚⬚⬚ 줄다리기를 했어요.

2 아이가 버릇없이 말하자 엄마는 ⬚⬚⬚⬚⬚ .

3 갑자기 비가 쏟아지는 바람에 비를 ⬚⬚ 맞았어요.

속담 연습하기

 다음 속담의 뜻으로 알맞은 것에 연결하세요.

1	콩 심은 데 콩 나고 팥 심은 데 팥 난다 •	• 편하게 하려고 꾀를 부리다가 더 힘들게 되었어요
2	혹 떼러 갔다가 혹 붙여 온다 •	• 원인에 따라 결과가 나타나요

 다음 상황에 들어갈 속담으로 알맞은 것을 골라 쓰세요.

★ 콩 심은 데 콩 나고 팥 심은 데 팥 난다
★ 혹 떼러 갔다가 혹 붙여 온다

1 　: 엄마, 저 오늘 시험 결과가 나빠서 기분이 안 좋아요.

　: 엄마가 시험 전에 공부하라고 했지? 맨날 공부는 안 하고 게임만 하더니.

_____는 말 몰라? 공부

를 안 했으니 결과가 안 좋을 수밖에.

2 일기 쓰기 숙제가 너무 하기 싫어서 전에 썼던 일기를 똑같이 베껴서 써서 냈다. 이 사실을 알게 된 선생님이 나에게 일기 숙제를 더 많이 내 주셨다. 괜히 꾀를 부렸다가 하기 싫은 숙제를 더 많이 하게 생겼다.

_____는 말이 정말 맞다.

아래의 질문에 자유롭게 대답해 보세요.

1 열심히 노력해서 좋은 결과를 얻은 적이 있었어요?

_____

2 열심히 하지 않아서 좋지 않은 결과를 얻은 적이 있었어요?

_____

3 어떤 일을 하기 싫어 꾀를 부렸다가 하기 싫은 일을 더 많이 하게 된 적이 있었어요? 언제 그랬어요?

_____

〈욕심 많은 개〉 & 〈여우와 포도〉
〈고양이 목에 방울 달기〉 & 〈황금알을 낳는 암탉〉

1일차 | 욕심 많은 개

무심코   탐이 나다

　순식간에

　　　어안이 벙벙하다

시무룩하다

　　　터덜터덜

공부한 날 　　월 　　일

2일차 | 여우와 포도

굶주리다   비틀비틀

　주렁주렁

　　　군침이 돌다

한달음에   허탕을 치다

공부한 날 　　월 　　일

3일차 | 고양이 목에 방울 달기

마른하늘에 날벼락   벌벌

번쩍

　　의기양양하다

얼굴이 환해지다

　　의아하다

공부한 날 　　월 　　일

4일차 | 황금알을 낳는 암탉

눈이 휘둥그레지다   못마땅하다

눈에 차다

말이 끝나기 무섭게   허무하다

땅을 치며 후회하다

공부한 날 　　월 　　일

5일차 | 복습하기

공부한 날 　　월 　　일

76

📎 **생각하며 준비하기**　　　　　　　　　　　　　　사고력 키우기

 거울에 비친 내 모습을 본 적 있어요? 내 모습이 어땠어요?
생각나는 단어를 자유롭게 써 보세요.

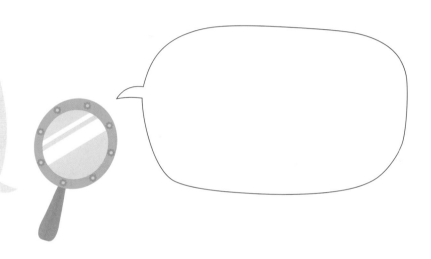

〈보기〉

동그란 얼굴　사랑스럽다

귀가 크다　늠름하다

단발머리

예쁜 속눈썹

 같은 음식인데 친구의 것이 더 크고 맛있어 보였던 적이 있어요?
언제 그랬는지 자유롭게 써 보세요.

_____

 아래 그림은 어떤 장면일까요?
아래 그림의 개는 무슨 생각을 하고 있을지 상상해 보고 자유롭게 써 보세요.

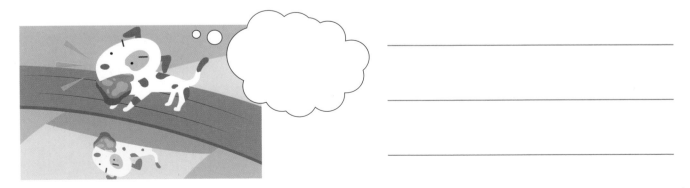

_____

_____

_____

추측하며 읽어보기

 빨간색으로 표시된 단어의 뜻을 생각하면서 다음 이야기를 읽어 보세요.

개 한 마리가 길을 가다가 우연히 큼지막한 고깃덩어리 하나를 발견했어요.

'어라, 이게 웬 떡이야!'

개는 누가 볼 새라 재빨리 고깃덩어리를 입에 물었어요. 집에 가져가서 혼자 먹을 생각에 싱글벙글 웃음이 새어 나왔어요. 기분 좋게 집에 가다가 개는 다리를 건너가게 되었어요. 다리를 반쯤 건너던 중, 개는 무심코 아래를 내려다보았어요. 물속에 자기와 비슷하게 생긴 개가 보이는 거예요. 그런데 그 개가 자기 것보다 훨씬 더 큰 고깃덩어리를 물고 있는 게 아니겠어요!

그 개가 물에 비친 자신의 모습이라는 것을 모르는 개는 그 고깃덩어리가 탐이 났어요. 그래서 아래에 있는 개를 향해 큰 소리로 짖었어요.

"멍멍! 좋은 말 할 때 고깃덩어리를 내놔라!"

그때였어요. 짖느라 입을 벌리는 바람에 물고 있던 고깃덩어리를 첨벙! 강물에 빠뜨리고 말았어요. 아래에 있던 개 역시 순식간에 사라져

버렸지요.

　욕심을 부리다가 자기의 고깃덩어리마저 잃어버린 개는 어안이 벙벙했어요. 그리고는 곧바로 시무룩해져서 힘없이 터덜터덜 집으로 돌아갔어요.

 이야기를 읽고 맞으면 O, 틀리면 X 하세요.

1　개는 길을 가던 중에 고깃덩어리를 우연히 발견했어요.

2　개는 물속에 있는 개와 싸워서 더 큰 고깃덩어리를 얻었어요.

3　개는 고깃덩어리를 입에 문 채로 무사히 다리를 건널 수 있었어요.

추측한 어휘 확인하기　　　어휘력 키우기

 다음 단어의 뜻과 비슷한 것에 체크하세요.

1　탐이 났어요

　　☐ 궁금해졌어요　　　　☐ 내 것으로 만들고 싶었어요

2　어안이 벙벙했어요

　　☐ 놀라서 어리둥절했어요　　☐ 화가 잔뜩 났어요

3　시무룩해져서

　　☐ 속상한 표정을 지으면서　　☐ 용감한 표정을 지으면서

어울리는 것을 찾아 줄로 이으세요.

1 무심코 •　　　• 사라졌어요

2 순식간에 •　　　• 내려다봤어요

3 터덜터덜 •　　　• 돌아갔어요

속담으로 생각하기　　　　　

 다음 상황에 어울리는 속담을 골라 써 보세요.

물에 비친 고깃덩이는 사실 자기가 물고 있는 고기였는데도 개는 물에 비친 것이 더 크고 좋아 보여서 욕심이 났어요.

☐ 바늘방석에 앉은 것 같다
☐ 남의 떡이 더 커 보인다

 오늘의 속담 이야기

★ **남의 떡이 더 커 보인다**
　남의 것이 내 것보다 더 좋아 보인다는 뜻이에요.

여우와 포도

 생각하며 준비하기   사고력 키우기

 먹고 싶은 음식이 눈앞에 바로 있는데 먹을 수 없던 적이 있었어요?
언제 그랬어요?

_____

 아래 그림을 보고 질문에 대답해 보세요.

1 여우가 높은 곳에 있는 포도를 따 먹으려고 하고 있어요.
여우는 어떻게 하면 포도를 먹을 수 있을까요? 생각을 자유롭게 써 보세요.

_____

2 여러분이 그림 속 여우라면 어떻게 할 것 같아요? 생각을 자유롭게 써 보세요.

 길을 지나가던 친구에게 도와
달라고 부탁할 것 같아요!

_____

_____

한 번에 키우기 81

빨간색으로 표시된 단어의 뜻을 생각하면서 다음 이야기를 읽어 보세요.

여우 한 마리가 굶주린 배를 움켜쥐고 금방이라도 쓰러질 듯 비틀비틀 걷고 있었어요. 여우의 배에서는 꼬르륵 소리가 그치지 않았어요. 여우가 먹을 것을 찾아 헤매던 바로 그때, 어디선가 달달한 냄새가 나는 거예요. 여우는 킁킁대며 냄새가 나는 곳을 향해 갔어요.

"우와!"

여우의 눈 앞에 펼쳐진 건 탐스러운 포도들이 주렁주렁 매달려 있는 포도밭이었어요. 여우는 군침이 돌았어요.

'포도가 아주 잘 익었구나! 얼른 가서 먹어야지!'

여우는 신이 나서 한달음에 포도밭으로 뛰어들어 갔어요. 그리고 포도를 따려고 손을 뻗었지요. 그런데 손이 닿지 않는 거예요. 이번에는 까치발을 들었어요. 그래도 닿지 않았어요.

'흠, 뛰면 되겠지!'

여우는 있는 힘껏 폴짝 뛰었어요. 하지만 포도는 너무 높은 곳에 있었어요. 여우는 온갖 방법으로 포도를 따려고 했지만 매번 허탕만 쳤어요. 결국 여우는 포도를 단 한 알도 따지 못

했어요. 여우는 포도밭을 나가면서 작게 중얼거렸어요.

"쳇. 가까이서 보니 덜 익은 포도잖아. 너무 시어서 어차피 먹어봤자 뱉었을 거야."

 이야기를 읽고 맞으면 O, 틀리면 X 하세요.

1 여우는 포도밭을 발견하고 포도를 먹을 생각에 신이 났어요.

2 여우는 있는 힘껏 뛰어서 겨우 포도를 먹을 수 있었어요.

3 여우가 먹으려 했던 포도는 시어서 맛이 없었어요.

📎 추측한 어휘 확인하기

 다음 단어의 뜻과 비슷한 것에 체크하세요.

1 굶주린

☐ 오랫동안 제대로 먹지 못한   ☐ 잔뜩 먹어서 배가 부른

2 군침이 돌았어요

☐ 욕심이 났어요   ☐ 먹고 싶어서 침이 고였어요

3 허탕만 쳤어요

☐ 하려고 했지만 결국 못 했어요   ☐ 노력해서 결국 해냈어요

어울리는 것을 찾아 줄로 이으세요.

1 비틀비틀 •　　　　　　　• 매달렸어요

2 주렁주렁 •　　　　　　　• 걷고 있었어요

3 한달음에 •　　　　　　　• 뛰어들었어요

속담으로 생각하기　　　　　　　표현력 키우기

 다음 상황에 어울리는 속담을 골라 써 보세요.

배고픈 여우는 포도나무에 주렁주렁 매달린 포도를 먹고 싶었지만 손을 뻗어도, 까치발을 들어도, 폴짝 뛰어도 포도를 딸 수 없었어요. 결국 포도는 눈으로만 볼 수밖에 없었지요.

☐ 남의 떡이 더 커 보인다
☐ 그림의 떡

 오늘의 속담 이야기

★ 그림의 떡
아무리 갖고 싶어도 가질 수 없는 것을 두고 하는 말이에요.

고양이 목에 방울 달기

 생각하며 준비하기   사고력 키우기

 쥐가 고양이를 만나면 어떤 기분이 들까요? 그리고 어떻게 할 것 같아요?
생각을 자유롭게 써 보세요.

_____

_____

_____

 쥐들이 고양이를 물리칠 방법에 대해 이야기하고 있어요.
어떤 해결 방법을 이야기했을까요? 자유롭게 써 보세요.

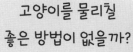 고양이를 물리칠
좋은 방법이 없을까?

쥐 1: _____

쥐 2: _____

추측하며 읽어보기

 빨간색으로 표시된 단어의 뜻을 생각하면서 다음 이야기를 읽어 보세요.

쥐들이 사는 마을에 언제부턴가 고양이 한 마리가 나타났어요. 고양이는 쥐들을 보이는 족족 잡아먹기 시작했어요. 평화롭게 살던 쥐들에겐 그야말로 마른하늘에 날벼락이었어요. 쥐들은 두려움에 벌벌 떨며 지냈어요. 결국 쥐들은 문제를 해결하기 위해 모이기로 했어요.

"고양이가 자주 보이는 곳에 덫을 놓는 게 어떨까요?"

"다른 동물에게 도와달라고 합시다!"

쥐들은 저마다 고양이를 물리칠 방법을 말했지만, 썩 좋은 방법이 나오지 않았어요. 시간이 흐르자 하나둘씩 지치기 시작했어요. 그때, 젊은 쥐 한 마리가 손을 번쩍 들고 의기양양하게 말했어요.

"좋은 방법이 있어요! 고양이 목에 방울을 다는 거예요. 고양이가 다가올 때 딸랑딸랑 소리가 날 테니, 그때 재빨리 도망치면 돼요!"

젊은 쥐의 말에 쥐들은 안심이 됐는지 얼굴이 환해졌어요. 그런데 그때, 조용히 듣고 있던 늙은 쥐가 "말도 안 돼."라며 고개를 절레절레 흔들었어요. 모두가 의아한 표정으로 늙은 쥐를 바라봤어요.

"도대체 누가 고양이 목에 방울을 달겠는가?"

늙은 쥐의 말에 주변은 순식간에 조용해졌어요. 늙은 쥐는 한숨을 쉬었어요.

 이야기를 읽고 맞으면 O, 틀리면 X 하세요.

1 쥐 마을에 고양이가 나타나는 바람에 쥐들은 벌벌 떨며 지냈어요.

2 늙은 쥐는 좋은 방법을 알려준 젊은 쥐를 칭찬했어요.

3 쥐들은 고양이 목에 방울을 다는 데에 성공했어요.

추측한 어휘 확인하기　　　　　　　어휘력 키우기

 다음 단어의 뜻과 비슷한 것에 체크하세요.

1 마른하늘에 날벼락

　□ 갑자기 생긴 나쁜 일　　　□ 갑자기 치는 천둥번개

2 의기양양하게

　□ 만족스러운 표정으로　　　□ 자신 없는 모습으로

3 의아한 표정

　□ 화가 난 표정　　　□ 이상하다고 생각하는 표정

어울리는 것을 찾아 줄로 이으세요.

1 벌벌 • • 환해졌어요

2 손을 번쩍 • • 떨었어요

3 얼굴이 • • 들었어요

속담으로 생각하기

 다음 상황에 어울리는 속담을 골라 써 보세요.

고양이에게 쫓기며 불안한 생활을 하던 쥐들은 고양이가 오는 것을 쉽게 알아챌 수 있게 고양이 목에 방울을 달면 된다는 해결 방법을 찾았어요. 하지만 그것을 실제로 할 수 있는 쥐는 아무도 없었어요.

☐ 그림의 떡

☐ 고양이 목에 방울 달기

 오늘의 속담 이야기

★ 고양이 목에 방울 달기

실제로 할 수 없는 일을 말로 의논만 한다는 뜻이에요.

 **황금알을 낳는 암탉**

주차 4일

생각하며 준비하기

사고력 키우기

 황금알을 낳는 암탉이 있어요. 내가 암탉의 주인이라면 황금알로 무엇을 할 것 같아요? 자유롭게 써 보세요.

저 황금알들을 모아 시장에 팔아서 부자가 될 거야!

_____

_____

_____

 잘못을 저지르고 후회한 적이 있어요?
어떤 잘못을 했고, 왜 후회했는지 써 보세요.

나의 잘못

_____

후회한 이유

_____

 같은 잘못을 저지르지 않기 위해서는 어떻게 해야 할까요?

_____

추측하며 읽어보기

 빨간색으로 표시된 단어의 뜻을 생각하면서 다음 이야기를 읽어 보세요.

한 할아버지가 시장에서 사온 암탉 한 마리를 정성껏 키우고 있었어요. 그런데 어느 날, 암탉의 둥지에 번쩍번쩍 빛나는 무언가가 놓여 있는 게 아니겠어요? 가까이 다가가 살펴본 할아버지의 눈이 휘둥그레졌어요. 그건 바로 황금알이었어요!

암탉은 하루에 하나씩 꼬박꼬박 황금알을 낳았어요. 할아버지는 황금알을 팔아 금방 부자가 되었지요.

그런데 어느 날, 할아버지는 문득 못마땅한 생각이 들었어요.

'하루에 고작 한 알뿐이라니! 세 알쯤은 낳아야 눈에 차지.'

그때였어요. 할아버지의 머릿속에 좋은 생각이 떠올랐어요.

'이 암탉의 뱃속은 황금알로 가득 차 있을 거야. 그걸 한꺼번에 꺼내서 팔면 나는 어마어마한 부자가 될 거야!'

말이 끝나기 무섭게 할아버지는 부엌에서 칼을 들고 나와 암탉의 배를 갈라 버렸어요. 그런데 이게 무슨 일이에요? 암탉의 뱃속에는 황금알은커녕 똥밖에 들어 있지 않았어요. 그렇게 암탉은 허무하게 죽고 말았어요.

'내가 도대체 무슨 짓을 한 거지?'

할아버지는 뒤늦게 땅을 치며 후회했지만 죽어 버린 암탉은 다시 살릴 수가 없었어요.

 이야기를 읽고 맞으면 O, 틀리면 X 하세요.

1 할아버지의 암탉은 황금알을 하루에 하나씩만 낳았어요.

2 할아버지는 황금알을 낳아 주는 암탉이 항상 고마웠어요.

3 암탉의 뱃속은 수많은 황금알로 가득했어요.

📎 **추측한 어휘 확인하기**　　　　　　　어휘력 키우기

 다음 단어의 뜻과 비슷한 것에 체크하세요.

1 눈이 휘둥그레졌어요

　☐ 무서워서 눈을 찡그렸어요　　　☐ 놀라서 눈이 커졌어요

2 눈에 차요

　☐ 넉넉해서 만족해요　　　☐ 부족해서 마음에 들지 않아요

3 말이 끝나기 무섭게

　☐ 말이 끝나자마자 바로　　　☐ 무서워서 아무 말도 할 수 없는

어울리는 것을 찾아 줄로 이으세요.

1 못마땅한 •   • 후회했어요

2 허무하게 •   • 죽었어요

3 땅을 치며 •   • 생각이 들었어요

📎 속담으로 생각하기

표현력 키우기

 다음 상황에 어울리는 속담을 골라 써 보세요.

할아버지는 큰 부자가 되고 싶다는 욕심에 그만 암탉의 배를 갈라 버리고 말았어요. 암탉의 배에는 황금알은 한 알도 들어 있지 않았고 죽어버린 암탉을 다시 살릴 수 있는 방법은 없었어요.

☐ 고양이 목에 방울 달기
☐ 소 잃고 외양간 고친다

 오늘의 속담 이야기

★ 소 잃고 외양간 고친다
일이 잘못된 뒤에는 후회해도 아무런 소용이 없다는 뜻이에요.

 어휘 확인하기

 다음 단어를 보고 아는 것에 ✔ 표시하세요.

욕심 많은 개	여우와 포도	고양이 목에 방울 달기	황금알을 낳는 암탉
☐ 무심코	☐ 굶주리다	☐ 마른하늘에 날벼락	☐ 눈이 휘둥그레지다
☐ 탐이 나다	☐ 비틀비틀	☐ 벌벌	☐ 못마땅하다
☐ 순식간에	☐ 주렁주렁	☐ 번쩍	☐ 눈에 차다
☐ 어안이 벙벙하다	☐ 군침이 돌다	☐ 의기양양하다	☐ 말이 끝나기 무섭게
☐ 시무룩하다	☐ 한달음에	☐ 얼굴이 환해지다	☐ 허무하다
☐ 터덜터덜	☐ 허탕을 치다	☐ 의아하다	☐ 땅을 치며 후회하다

다음 그림을 보고 빈칸에 들어갈 말을 쓰세요.

탐이 났어요	시무룩해졌어요	허탕을 쳤어요

1 식당 문이 닫혀서 집으로 돌아와야 했어요. ☐☐☐ ☐☐☐ .

2 친구가 새로 산 가방을 보고 ☐☐ ☐☐☐ .

3 가려던 여행을 못 가게 되어서 ☐☐☐☐☐☐☐ .

다음 그림을 보고 빈칸에 들어갈 말을 쓰세요.

의아했어요	못마땅했어요	말이 끝나기가 무섭게

1 아빠가 동생 말만 듣고 동생 편을 들어서 ☐☐☐☐☐☐ .

2 "수업 끝났어요."라는 선생님의 ☐☐ ☐☐☐ ☐☐☐

아이들이 가방에 책을 넣기 시작했어요.

3 친구가 말도 없이 며칠이나 학교에 오지 않아서 ☐☐☐☐ .

표현 연습하기

 다음 단어를 모두 사용해서 그림에 알맞은 이야기를 만들어 보세요.

1

| 그 개 | | | 탐이 나서 |
| 큰 소리 | 고깃덩이 | 짖었어요 |

| 그 | 개 | 는 | | | | | 가 | | | 나 | 서 |

| | | | 로 | | | | | . |

2

| 포도 | | 따려고 했지만 |
| 매번 | ~~여우~~ | 허탕만 쳤어요 |

여우는 _____ .

3

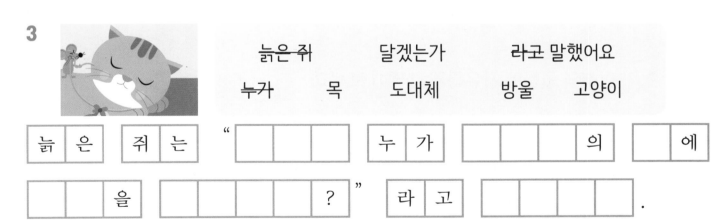

| 늙은 쥐 | 달겠는가 | 라고 말했어요 |
| 누가 | 목 | 도대체 | 방울 | 고양이 |

| 늙 | 은 | 쥐 | 는 | " | | | | | 누 | 가 | | | | 의 | | 에 |

| | | 을 | | | | | ? | " | 라 | 고 | | | | | . |

4

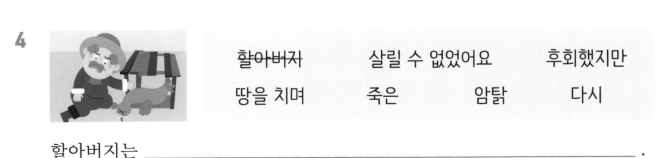

| 할아버지 | 살릴 수 없었어요 | 후회했지만 |
| 땅을 치며 | 죽은 | 암탉 | 다시 |

할아버지는 _____ .

속담 연습하기

 다음 속담의 뜻으로 알맞은 것에 연결하세요.

1 남의 떡이 커 보인다 •

• 할 수 없는 일을
말로만 의논해요

2 그림의 떡 •

• 잘못된 뒤에 후회해도
소용이 없어요

3 고양이 목에 방울 달기 •

• 남의 것이 내 것보다
더 좋아 보여요

4 소 읽고 외양간 고친다 •

• 갖고 싶어도 가질 수 없어요

 아래의 질문에 자유롭게 대답해 보세요.

1 친구가 가진 물건이 내 것보다 더 좋아 보인 적이 있었어요?
언제, 무엇을 보고 그랬어요? 그때 마음이 어땠어요?

_____

2 가지고 싶은 물건이 있는데 그걸 못 가진 적이 있어요?
언제, 무엇을 보고 그랬어요? 그때 어떻게 했어요?

_____

3 다음 상황이 벌어졌다면 여러분은 어떤 방법을 찾을 것 같아요?
그 해결을 누가 나서서 할 것 같아요?

> 집에서 친구들과 놀다가 언니(누나)가 제일 좋아하는 그림을 실수로 찢어
> 버렸어요. 그 그림은 언니가 아주 열심히 그려서 상을 받은 그림이에요.

4 '소 잃고 외양간 고친다'는 속담의 상황을 경험해 본 적이 있어요?
언제 그런 경험을 했는지 자유롭게 써 보세요.

> 엄마가 시계를 풀지 말고 꼭 끼고 있으라고 했는데 풀었다
> 끼었다를 반복하다가 결국 시계를 잃어버리고 말았어요.
> 이제 다시는 시계로 장난치지 않을 거예요.

어휘 놀이

* 주사위를 던져 나온 숫자만큼 이동한 후 해당 칸의 질문에 답해 보세요.
* 배운 어휘들을 일상에 적용해 보면서 재미있게 복습해 보세요.

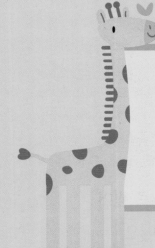

시작

'티끌 모아 태산'의 뜻을 설명해 보세요.

무엇을 하기 전에 기대에 부풀어요?

시작으로 가세요!

발을 헛디뎌서 넘어진 적이 있어요?

'흘깃', '골똘히'를 사용해서 문장을 만들어 보세요.

'백지장도 맞들면 낫다'의 뜻을 설명해 보세요.

<양치기 소년> 이야기를 해 보세요.

'말이 끝나기가 무섭게'는 무슨 뜻이에요?

'남의 떡이 커 보인다'의 뜻을 설명해 보세요.

마음에 내키지 않은 일을 억지로 한 적이 있어요?

자기가 한 일인데
하지 않은 것처럼
시치미를 뗀 적이 있었어요?

무엇을 보면
눈을 떼지 못해요?
왜요?

어떤 음식을 보면
군침이 돌아요?

부모님이나 선생님의
말씀을 한 귀로 듣고
한 귀로 흘린 적이 있어요?

칭찬을 받아서 우쭐해진
적이 있어요? 언제 그랬어요?

언제 따분해요?

'순식간에'로
문장을
만들어 보세요.

시무룩한 표정을
지어 보세요.

<고양이 목에 방울 달기>
이야기를 해 보세요.

터덜터덜
걸어 보세요.
비틀비틀
걸어 보세요.

도착

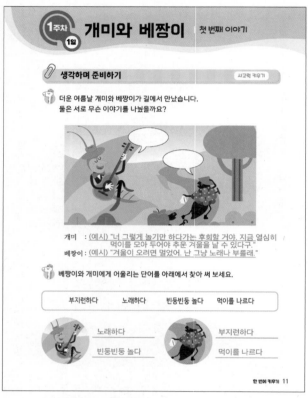

1주차 1일 개미와 베짱이 — 첫 번째 이야기

생각하며 준비하기 · 사고력 키우기

더운 여름날 개미와 베짱이가 길에서 만났습니다.
둘은 서로 무슨 이야기를 나눴을까요?

개미 : (예시) "너 그렇게 놀기만 하다가는 후회할 거야. 지금 열심히 먹이를 모아 두어야 추운 겨울을 날 수 있다구."
베짱이 : (예시) "겨울이 오려면 멀었어. 난 그냥 노래나 부를래."

베짱이와 개미에게 어울리는 단어를 아래에서 찾아 써 보세요.

부지런하다 · 노래하다 · 빈둥빈둥 놀다 · 먹이를 나르다

노래하다 / 빈둥빈둥 놀다
부지런하다 / 먹이를 나르다

한 번에 키우기 11

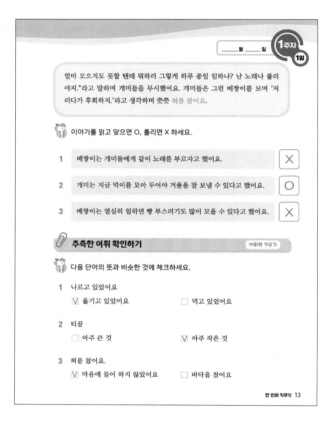

____월 ____일 · 1주차 1일

얼마 모으지도 못할 텐데 뭐하러 그렇게 하루 종일 일하냐? 난 노래나 불러야지."라고 말하며 개미들을 무시했어요. 개미들은 그런 베짱이를 보며 '저러다가 후회하지.'라고 생각하며 쯧쯧 혀를 찼어요.

이야기를 읽고 맞으면 O, 틀리면 X 하세요.

1 베짱이는 개미들에게 같이 노래를 부르자고 했어요. 　X
2 개미는 지금 먹이를 모아 두어야 겨울을 잘 보낼 수 있다고 했어요. 　O
3 베짱이는 열심히 일하면 빵 부스러기도 많이 모을 수 있다고 했어요. 　X

추측한 어휘 확인하기 · 어휘력 키우기

다음 단어의 뜻과 비슷한 것에 체크하세요.

1 나르고 있었어요
　V 옮기고 있었어요 　□ 먹고 있었어요

2 티끌
　□ 아주 큰 것 　V 아주 작은 것

3 혀를 찼어요.
　V 마음에 들어 하지 않았어요 　□ 바닥을 찼어요

한 번에 키우기 13

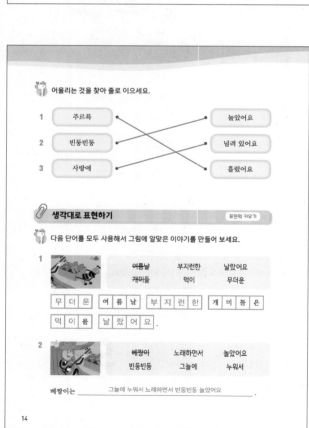

어울리는 것을 찾아 줄로 이으세요.

1 주르륵 — 널려 있어요
2 빈둥빈둥 — 놀았어요
3 사방에 — 흩뿌렸어요

생각대로 표현하기 · 표현력 키우기

다음 단어를 모두 사용해서 그림에 알맞은 이야기를 만들어 보세요.

1 여름날 · 부지런한 · 날랐어요 · 개미들 · 먹이 · 무더운

무더운 여름날 부지런한 개미들은 먹이를 날랐어요.

2 베짱이 · 노래하면서 · 놀았어요 · 빈둥빈둥 · 그늘에 · 누워서

베짱이는 그늘에 누워서 노래하면서 빈둥빈둥 놀았어요

14

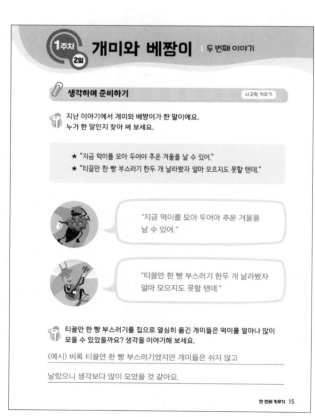

1주차 2일 개미와 베짱이 — 두 번째 이야기

생각하며 준비하기 · 사고력 키우기

지난 이야기에서 개미와 베짱이가 한 말이에요.
누가 한 말인지 찾아 써 보세요.

★ "지금 먹이를 모아 두어야 추운 겨울을 날 수 있어."
★ "티끌만 한 빵 부스러기 한두 개 날라봤자 얼마 모으지도 못할 텐데."

"지금 먹이를 모아 두어야 추운 겨울을 날 수 있어."

"티끌만 한 빵 부스러기 한두 개 날라봤자 얼마 모으지도 못할 텐데."

티끌만 한 빵 부스러기를 집으로 열심히 옮긴 개미들은 먹이를 얼마나 많이 모을 수 있었을까요? 생각을 이야기해 보세요.

(예시) 비록 티끌만 한 빵 부스러기였지만 개미들은 쉬지 않고 날랐으니 생각보다 많이 모았을 것 같아요.

한 번에 키우기 15

이야기를 읽고 맞으면 O, 틀리면 X 하세요.

1 베짱이는 여기저기 먹이를 찾으러 다녔지만 찾을 수 없었어요. 〔 O 〕

2 개미는 베짱이에게 화가 나서 음식을 나눠 주지 않았어요. 〔 X 〕

3 베짱이는 여름 내내 일하지 않고 놀기만 한 자신이 부끄러워졌어요. 〔 O 〕

추측한 어휘 확인하기 〔어휘력 키우기〕

다음 단어의 뜻과 비슷한 것에 체크하세요.

1 근심
  ☑ 걱정 　　　　☐ 기쁨

2 초라한
  ☑ 낡고 힘이 없어 보이는 　　☐ 힘이 세 보이는

3 괜찮했지만
  ☐ 이해됐지만 　　☑ 미웠지만

어울리는 것을 찾아 줄로 이으세요.

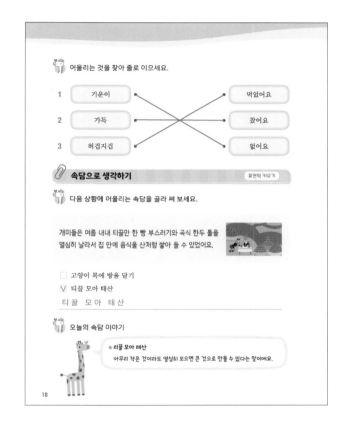

1 기운이 ——— 먹었어요
2 가득 ——— 찾았어요
3 허겁지겁 ——— 없어요

속담으로 생각하기 〔표현력 키우기〕

다음 상황에 어울리는 속담을 골라 써 보세요.

개미들은 여름 내내 티끌만 한 빵 부스러기와 곡식 한두 톨을 열심히 날라서 집 안에 음식을 산처럼 쌓아 둘 수 있었어요.

☐ 고양이 목에 방울 달기
☑ 티끌 모아 태산

티 끌 　모 아 　태 산

오늘의 속담 이야기

★ 티끌 모아 태산
아무리 작은 것이라도 열심히 모으면 큰 것으로 만들 수 있다는 말이에요.

18

시골 쥐와 도시 쥐 첫 번째 이야기

생각하며 준비하기 〔사고력 키우기〕

오랜만에 친한 친구를 만나면 무슨 이야기를 할 거예요?
같이 뭘 하고 싶어요?

(예시) 친구랑 재미있게 봤던 만화영화 이야기를 할 거예요.
같이 맛있는 과자도 먹고 싶어요.

아래 그림을 보고 빈칸에 알맞은 단어를 써 보세요.

| 시골 쥐 | 도시 쥐 | 음식을 대접하다 |

음식을 대접하다

시골 쥐

도시 쥐

위의 그림은 어떤 상황일까요? 자유롭게 써 보세요.

(예시) 시골 쥐가 도시 쥐에게 음식을 대접해요. 그런데 도시 쥐는 별로 안 좋아하는 것 같아요.

이야기를 읽고 맞으면 O, 틀리면 X 하세요.

1 시골 쥐는 도시 쥐가 보고 싶어서 자기 집으로 초대했어요. 〔 O 〕

2 도시 쥐는 시골 쥐가 준비한 음식들을 맛있게 먹었어요. 〔 X 〕

3 도시 쥐는 시골 쥐의 대접이 고마워서 자기 집에도 놀러 오라고 했어요. 〔 X 〕

추측한 어휘 확인하기 〔어휘력 키우기〕

다음 단어의 뜻과 비슷한 것에 체크하세요.

1 치장하고
  ☐ 가지고 가서 　　☑ 예쁘게 꾸미고서

2 딱하다
  ☑ 불쌍하다 　　☐ 부럽다

3 산더미같이 쌓여 있어
  ☐ 조금 쌓여 있어 　　☑ 많이 쌓여 있어

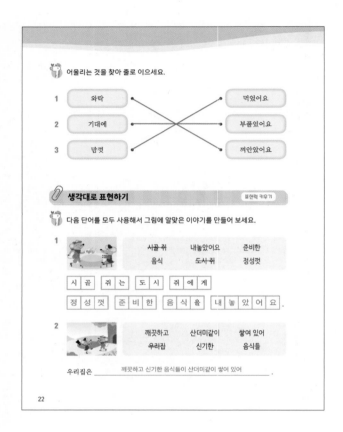

어울리는 것을 찾아 줄로 이으세요.

1 와락 — 꺼안았어요
2 기대에 — 먹었어요
3 맘껏 — 부풀었어요

생각대로 표현하기　　표현력 키우기

다음 단어를 모두 사용해서 그림에 알맞은 이야기를 만들어 보세요.

1
시골 쥐　내놓았어요　준비한
음식　도시 쥐　정성껏

시 골 쥐 는 도 시 쥐 에 게
정 성 껏 준 비 한 음 식 을 내 놓 았 어 요 .

2
깨끗하고　산더미같이　쌓여 있어
우리집　신기한　음식들

우리집은 ___깨끗하고 신기한 음식들이 산더미같이 쌓여 있어___ .

22

생각하며 준비하기　　사고력 키우기

지난 이야기에서 도시 쥐는 시골 쥐에게 자기가 사는 도시를 구경하러 오라고 했어요. 그렇게 말한 이유가 뭐예요?

(예시) 시골 쥐에게 깨끗한 집과 맛있는 음식들을 자랑하고 싶어서

시골 쥐는 도시 쥐의 집에 갔어요. 도시 쥐와 시골 쥐는 무슨 말을 했을까요? 자유롭게 써 봅시다.

도시 쥐: (예시) "우리 집에서는 이런 음식들을 마음껏 먹을 수 있어!"

시골 쥐: (예시) "우와, 처음 보는 음식이잖아! 너는 멋진 곳에 사는 구나!"

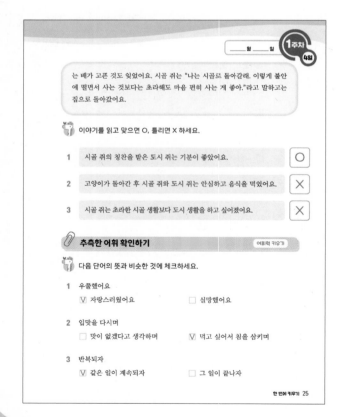

는 배가 고픈 것도 잊었어요. 시골 쥐는 "나는 시골로 돌아갈래. 이렇게 불안에 떨면서 사는 것보다는 초라해도 마음 편히 사는 게 좋아."라고 말하고는 집으로 돌아갔어요.

이야기를 읽고 맞으면 O, 틀리면 X 하세요.

1 시골 쥐의 칭찬을 받은 도시 쥐는 기분이 좋았어요.　O

2 고양이가 돌아간 후 시골 쥐와 도시 쥐는 안심하고 음식을 먹었어요.　X

3 시골 쥐는 초라한 시골 생활보다 도시 생활을 하고 싶어졌어요.　X

추측한 어휘 확인하기　　어휘력 키우기

다음 단어의 뜻과 비슷한 것에 체크하세요.

1 우쭐했어요
　☑ 자랑스러웠어요　　☐ 실망했어요

2 입맛을 다시며
　☐ 맛이 없겠다고 생각하며　　☑ 먹고 싶어서 침을 삼키며

3 반복되자
　☑ 같은 일이 계속되자　　☐ 그 일이 끝나자

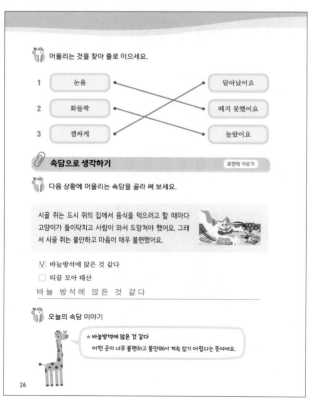

어울리는 것을 찾아 줄로 이으세요.

1 눈을 — 떼지 못했어요
2 화들짝 — 놀랐어요
3 잽싸게 — 달아났어요

속담으로 생각하기　　표현력 키우기

다음 상황에 어울리는 속담을 골라 써 보세요.

시골 쥐는 도시 쥐의 집에서 음식을 먹으려고 할 때마다 고양이가 들이닥치고 사람이 와서 도망쳐야 했어요. 그래서 시골 쥐는 불안하고 마음이 매우 불편했어요.

☑ 바늘방석에 앉은 것 같다
☐ 티끌 모아 태산

바 늘 방 석 에 앉 은 것 같 다

오늘의 속담 이야기

★ 바늘방석에 앉은 것 같다
어떤 곳이 너무 불편하고 불안해서 계속 있기 어렵다는 뜻이에요.

26

102

어휘 연습하기

개미와 베짱이 | 첫 번째 이야기

다음 그림을 보고 빈칸에 들어갈 말을 쓰세요.

| 티끌 | 혀를 찼어요 | 날랐어요 |

1 이사하는 날 온 가족이 힘을 모아서 짐을 날랐어요.

2 눈에 티끌 이 들어가서 따가웠어요.

3 틈만 나면 싸우는 형제들을 보고 어른들이 혀를 찼어요.

개미와 베짱이 | 두 번째 이야기

다음 그림을 보고 빈칸에 들어갈 말을 쓰세요.

| 기운이 없어요 | 근심 | 괘씸했어요 |

1 마음에 근심 이 있으면 행복하지 않아요.

2 배탈이 나서 하루 종일 아무것도 못 먹었더니 기운이 없어요.

3 거짓말을 하고는 안 한 척하는 친구가 괘씸했어요.

28

월 일 1주차 5일

시골 쥐와 도시 쥐 | 첫 번째 이야기

다음 그림을 보고 빈칸에 들어갈 말을 쓰세요.

| 기대에 부풀었어요 | 딱했어요 | 산더미같이 쌓여 있어요 |

1 생일에 놀이공원에 간다는 이야기를 듣고 기대에 부풀었어요.

2 방학 내내 놀기만 했더니 해야 할 숙제가 산더미같이 쌓여 있어요.

3 주인을 잃은 강아지가 혼자 돌아다니는 것을 보니 딱했어요.

시골 쥐와 도시 쥐 | 두 번째 이야기

다음 그림을 보고 빈칸에 들어갈 말을 쓰세요.

| 눈을 떼지 못했어요 | 우쭐했어요 | 화들짝 |

1 날개 펼친 공작새를 보고 너무 예뻐서 눈을 떼지 못했어요.

2 깜깜한 밤에 갑자기 고양이가 나타나서 화들짝 놀랐어요.

3 선생님이 나에게 그림을 잘 그렸다고 칭찬해 주셔서 우쭐했어요.

한 번에 키우기 29

속담 연습하기

다음 속담의 뜻으로 알맞은 것에 연결하세요.

1 티끌 모아 태산 ✕ 어떤 곳이 너무 불편하고 불안해서 계속 있기 어려워요

2 바늘방석에 앉은 것 같다 ✕ 작은 것도 열심히 모으면 큰 것으로 만들 수 있어요

다음 상황에 들어갈 속담으로 알맞은 것을 골라 쓰세요.

★ 티끌 모아 태산
★ 바늘방석에 앉은 것 같다

1 친구 집에 놀러 갔는데 친구가 동생이랑 싸워서 엄마에게 계속 혼이 났다. 친구가 동생이랑도 싸우고 엄마에게도 혼이 나니 놀러 간 우리들은 바늘 방석에 앉은 것 같다 는 생각이 들어서 빨리 친구 집을 나오고 싶었다.

2 심부름할 때마다 할머니께 100원씩 용돈을 받았다. 두 달 동안 열심히 100원을 모아서 사고 싶었던 장난감을 살 수 있었다. 적은 돈이었지만 열심히 모았더니 내가 사고 싶은 장난감도 살 수 있는 돈이 되었다. 티끌 모아 태산 이라는 속담이 정말 맞았다.

30

월 일 1주차 5일

아래의 질문에 자유롭게 대답해 보세요.

1 작은 것을 열심히 모은 적이 있어요? 무엇을, 얼마나 많이 모았어요? 모은 것으로 무엇을 할 수 있었어요?

(예시) 치킨집 쿠폰 10장을 모아서 치킨 1마리를 공짜로 먹을 수 있었어요

2 어떤 장소에 갔을 때 불편하고 불안한 마음이 들어서 집에 빨리 돌아가고 싶다고 생각한 적이 있어요? 언제 그랬어요?

(예시) 가족들과 음식점에서 밥을 먹는데 손님들끼리 큰 소리로 싸워서 무서웠어요. 그때 집에 빨리 가고 싶었어요.

한 번에 키우기 31

여우와 두루미 | 첫 번째 이야기

2주차 1일

생각하며 준비하기
사고력 키우기

친구가 얄미운 적이 있었어요?

친구가 어떤 행동을 했을 때 얄밉다고 생각했어요?

(예시) 친구가 수학 문제를 하나밖에 안 틀려놓고 시험을 못 봤다고 화를 냈을 때 너무 얄미웠어요.

아래 그림을 보고 질문에 대답해 보세요.

1 두루미는 스프를 먹을 수 있을까요? 생각을 자유롭게 써 보세요.

(예시) 부리가 뾰족해서 먹기 힘들 것 같아요.

2 두루미는 무슨 생각을 했을까요? 두루미의 생각을 자유롭게 써 보세요.

(예시) '설마 여우가 나를 못 먹게 하려고 일부러 이런 넓적한 접시에 음식을 준 건 아니겠지?'

한 번에 키우기 33

이야기를 읽고 맞으면 O, 틀리면 X 하세요.

2주차 1일

_____월 _____일

1 두루미는 잡은 물고기를 여우에게 나눠 주었어요. [X]

2 여우는 두루미를 집에 초대해서 스프를 대접했어요. [O]

3 여우는 두루미가 스프가 맛이 없어서 먹지 못한다고 생각했어요. [X]

추측한 어휘 확인하기
어휘력 키우기

다음 단어의 뜻과 비슷한 것에 체크하세요.

1 마음에 썩 내키지 않았지만
☐ 오랫동안 기다리지 않았지만　☑ 마음에 들지 않았지만

2 시치미를 뚝 떼며
☑ 모르는 척하며　☐ 잘 아는 척하며

3 눈살을 찌푸렸어요
☑ 싫어서 눈 사이를 찡그렸어요　☐ 깜짝 놀라 눈을 크게 했어요

한 번에 키우기 35

어울리는 것을 찾아 줄로 이으세요.

1 도저히 ——— 삼켰어요
2 물고기를 ——— 가로챘어요
3 침을 꼴깍 ——— 할 수 없었어요

생각대로 표현하기
표현력 키우기

다음 단어를 모두 사용해서 그림에 알맞은 이야기를 만들어 보세요.

1
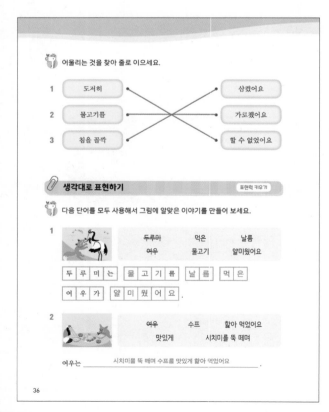

| 두루미 | 먹은 | 날름 |
| 여우 | 물고기 | 얄미웠어요 |

| 두 | 루 | 미 | 는 | | 물 | 고 | 기 | 를 | | 날 | 름 | | 먹 | 은 |
| 여 | 우 | 가 | | 얄 | 미 | 웠 | 어 | 요 |

2

| 여우 | 스프 | 핥아 먹었어요 |
| 맛있게 | | 시치미를 뚝 떼며 |

여우는 ___시치미를 뚝 떼며 스프를 맛있게 핥아 먹었어요___

36

여우와 두루미 | 두 번째 이야기

2주차 2일

생각하며 준비하기
사고력 키우기

다음은 지난 이야기에서 나온 표현이에요. 누구의 행동이었어요?
찾아 써 보세요.

① 물고기를 가로챘어요 ② 날름 먹어 치웠어요
③ 마음에 썩 내키지 않았어요 ④ 침을 꼴깍 삼켰어요
⑤ 시치미를 뚝 뗐어요 ⑥ 눈살을 찌푸렸어요

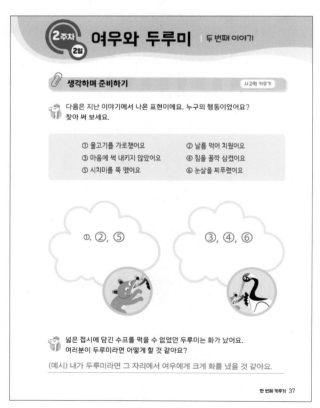

①, ②, ⑤ 　　　 ③, ④, ⑥

넓은 접시에 담긴 스프를 먹을 수 없었던 두루미는 화가 났어요.
여러분이 두루미라면 어떻게 할 것 같아요?

(예시) 내가 두루미라면 그 자리에서 여우에게 크게 화를 냈을 것 같아요.

한 번에 키우기 37

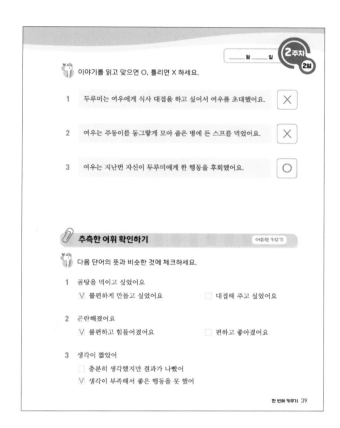

이야기를 읽고 맞으면 O, 틀리면 X 하세요.

1 두루미는 여우에게 식사 대접을 하고 싶어서 여우를 초대했어요. [X]

2 여우는 주둥이를 동그랗게 모아 좁은 병에 든 스프를 먹었어요. [X]

3 여우는 지난번 자신이 두루미에게 한 행동을 후회했어요. [O]

📎 추측한 어휘 확인하기 어휘력 키우기

다음 단어의 뜻과 비슷한 것에 체크하세요.

1 골탕을 먹이고 싶었어요
V 불편하게 만들고 싶었어요   ☐ 대접해 주고 싶었어요

2 곤란해졌어요
V 불편하고 힘들어졌어요   ☐ 편하고 좋아졌어요

3 생각이 짧았어
☐ 충분히 생각했지만 결과가 나빴어
V 생각이 부족해서 좋은 행동을 못 했어

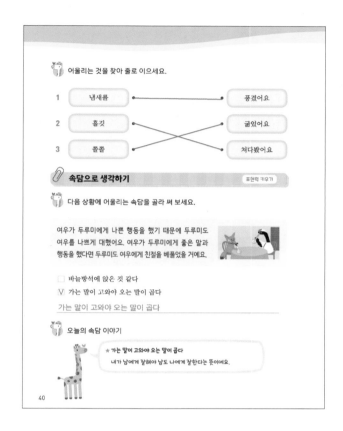

어울리는 것을 찾아 줄로 이으세요.

1 냄새를 ————————— 풍겼어요
2 흘깃 ———╳——— 굶었어요
3 쫄쫄 ———╳——— 쳐다봤어요

📎 속담으로 생각하기 표현력 키우기

다음 상황에 어울리는 속담을 골라 써 보세요.

여우가 두루미에게 나쁜 행동을 했기 때문에 두루미도 여우를 나쁘게 대했어요. 여우가 두루미에게 좋은 말과 행동을 했다면 두루미도 여우에게 친절을 베풀었을 거예요.

☐ 바늘방석에 앉은 것 같다
V 가는 말이 고와야 오는 말이 곱다

가는 말이 고와야 오는 말이 곱다

🦒 오늘의 속담 이야기

★ 가는 말이 고와야 오는 말이 곱다
내가 남에게 잘해야 남도 나에게 잘한다는 뜻이에요.

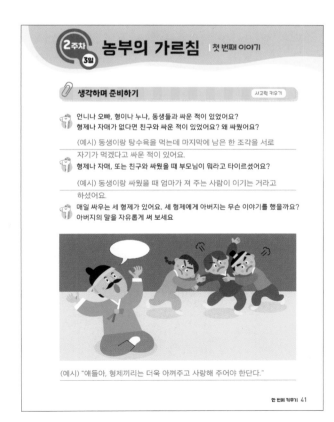

2주차 3일 농부의 가르침 | 첫 번째 이야기

📎 생각하며 준비하기 사고력 키우기

🦒 언니나 오빠, 형이나 누나, 동생들과 싸운 적이 있었어요?
형제나 자매가 없다면 친구와 싸운 적이 있었어요? 왜 싸웠어요?

(예시) 동생이랑 탕수육을 먹는데 마지막에 남은 한 조각을 서로 자기가 먹겠다고 싸운 적이 있어요.

🦒 형제나 자매, 또는 친구와 싸웠을 때 부모님이 뭐라고 타이르셨어요?

(예시) 동생이랑 싸웠을 때 엄마가 져 주는 사람이 이기는 거라고 하셨어요.

🦒 매일 싸우는 세 형제가 있어요. 세 형제에게 아버지는 무슨 이야기를 했을까요?
아버지의 말을 자유롭게 써 보세요

(예시) "얘들아, 형제끼리는 더욱 아껴주고 사랑해 주어야 한단다."

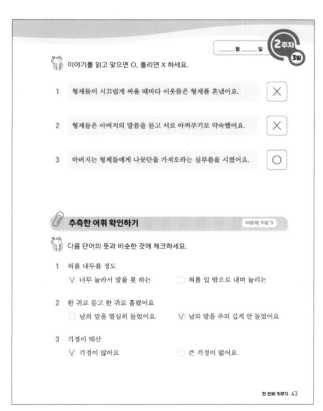

이야기를 읽고 맞으면 O, 틀리면 X 하세요.

1 형제들이 시끄럽게 싸울 때마다 이웃들은 형제를 혼냈어요. [X]

2 형제들은 아버지의 말씀을 듣고 서로 아껴주기로 약속했어요. [X]

3 아버지는 형제들에게 나뭇단을 가져오라는 심부름을 시켰어요. [O]

📎 추측한 어휘 확인하기 어휘력 키우기

다음 단어의 뜻과 비슷한 것에 체크하세요.

1 혀를 내두를 정도
V 너무 놀라서 말을 못 하는   ☐ 혀를 입 밖으로 내며 놀리는

2 한 귀로 듣고 한 귀로 흘렸어요
☐ 남의 말을 열심히 들었어요.   V 남의 말을 주의 깊게 안 들었어요

3 걱정이 태산
V 걱정이 많아요   ☐ 큰 걱정이 없어요

페이지 44

🐑 어울리는 것을 찾아 줄로 이으세요.

1 틈이 ———— 생각했어요
2 조곤조곤 ———— 타일렀어요
3 곰곰히 ———— 낮어요

생각대로 표현하기　　표현력 키우기

🐑 다음 단어를 모두 사용해서 그림에 알맞은 이야기를 만들어 보세요.

1

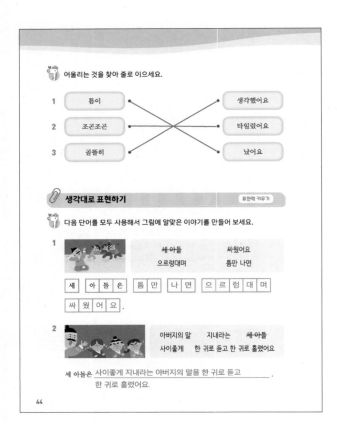

세 아들	싸웠어요
으르렁대며	틈만 나면

세 아들은 틈만 나면 으르렁대며 싸웠어요.

2

아버지의 말	지내라는	세 아들
사이좋게	한 귀로 듣고 한 귀로 흘렸어요	

세 아들은 사이좋게 지내라는 아버지의 말을 한 귀로 듣고 한 귀로 흘렸어요.

44

페이지 45

생각하며 준비하기　　사고력 키우기

🐑 혼자서는 할 수 없었는데 친구와 힘을 모아 할 수 있던 일이 있었어요?
　　언제, 무엇을 할 때 그랬어요?

(예시) 대청소를 하는 날에 무거운 책상들을 옮겨야 했는데, 친구들과 함께 해서 생각보다 쉽게 옮길 수 있었어요.

🐑 아래 두 그림 중 어느 것을 꺾기가 더 쉬울까요?
　　왜 그렇게 생각하는지 자유롭게 써 보세요.

〈나뭇가지〉　　　　　〈나뭇단〉

(예시) 나뭇가지가 더 꺾기 쉬울 것 같아요. 더 얇아 보여서요.

🐑 지난 이야기에서 아버지는 세 아들에게 나뭇단을 가져오라고 했어요.
　　아버지는 왜 그런 심부름을 시켰을까요? 자기 생각을 자유롭게 써 보세요.

(예시) 나뭇단으로 회초리를
만들어서 혼쭐을 내려고
하지 않았을까요?

페이지 47

너희가 하나씩 흩어져 싸우기만 한다면 언제라도 쉽게 꺾이고 말 거란다."
세 아들은 아버지의 뜻을 그제야 이해했어요. 그 뒤 세 아들은 늘 사이좋게 지냈다고 해요.

🐑 이야기를 읽고 맞으면 O, 틀리면 X 하세요.

1 농부는 세 아들에게 가져온 나뭇단을 꺾어 보라고 했어요. 　O

2 첫째보다 힘이 센 둘째는 나뭇단을 단숨에 꺾을 수 있었어요. 　X

3 농부는 세 아들에게 흩어져 싸우지 말고 서로 힘을 뭉치라고 했어요. 　O

추측한 어휘 확인하기　　어휘력 키우기

🐑 다음 단어의 뜻과 비슷한 것에 체크하세요.

1 한심하군
　　V 너무 못해서 어이가 없군　　☐ 못하지만 이해는 되는군

2 거들먹거리며
　　☐ 고개를 갸우뚱거리며　　V 잘난 척하며

3 마찬가지로
　　V 같이　　☐ 다르게

페이지 48

🐑 어울리는 것을 찾아 줄로 이으세요.

1 단숨에 ———— 웃었어요
2 슬며시 ———— 꺾었어요
3 똘똘 ———— 뭉쳤어요

속담으로 생각하기　　표현력 키우기

🐑 다음 상황에 어울리는 속담을 골라 써 보세요.

나뭇단이 잘 꺾이지 않았던 것처럼 형제가 각자 흩어져서 싸우지 않고 힘을 합하면 많은 일을 할 수 있을 거라고 아버지가 말씀하셨어요

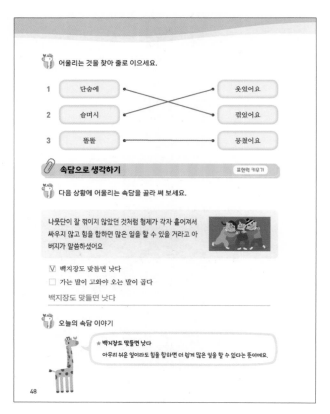

V 백지장도 맞들면 낫다
☐ 가는 말이 고와야 오는 말이 곱다

백지장도 맞들면 낫다

🐑 오늘의 속담 이야기

★ 백지장도 맞들면 낫다
아무리 쉬운 일이라도 힘을 합하면 더 많게 많은 일을 할 수 있다는 뜻이에요.

48

어휘 연습하기

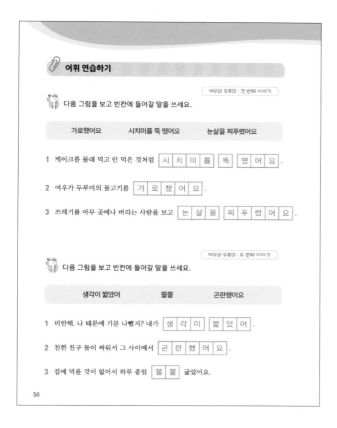

여우와 두루미 : 첫 번째 이야기

다음 그림을 보고 빈칸에 들어갈 말을 쓰세요.

| 가로챘어요 | 시치미를 뚝 뗐어요 | 눈살을 찌푸렸어요 |

1 케이크를 몰래 먹고 안 먹은 것처럼 [시][치][미]를 뚝 [뗐][어][요].

2 여우가 두루미의 물고기를 [가][로][챘][어][요].

3 쓰레기를 아무 곳에나 버리는 사람을 보고 [눈][살]을 [찌][푸][렸][어][요].

여우와 두루미 : 두 번째 이야기

다음 그림을 보고 빈칸에 들어갈 말을 쓰세요.

| 생각이 짧았어 | 쫄쫄 | 곤란했어요 |

1 미안해. 나 때문에 기분 나빴지? 내가 [생][각][이] 짧[았][어].

2 친한 친구 둘이 싸워서 그 사이에서 [곤][란][했][어][요].

3 집에 먹을 것이 없어서 하루 종일 [쫄][쫄] 굶었어요.

50

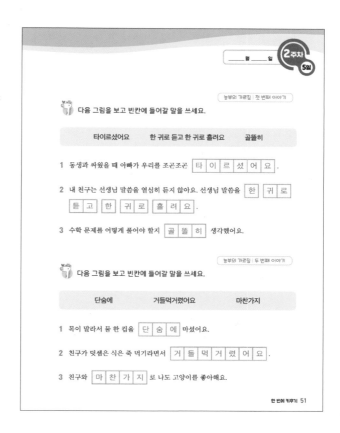

농부의 가로집 : 첫 번째 이야기

다음 그림을 보고 빈칸에 들어갈 말을 쓰세요.

| 타이르셨어요 | 한 귀로 듣고 한 귀로 흘려요 | 골똘히 |

1 동생과 싸웠을 때 아빠가 우리를 조곤조곤 [타][이][르][셨][어][요].

2 내 친구는 선생님 말씀을 열심히 듣지 않아요. 선생님 말씀을 [한][귀][로] [듣][고][한][귀][로][흘][려][요].

3 수학 문제를 어떻게 풀어야 할지 [골][똘][히] 생각했어요.

농부의 가로집 : 두 번째 이야기

다음 그림을 보고 빈칸에 들어갈 말을 쓰세요.

| 단숨에 | 거들먹거렸어요 | 마찬가지 |

1 목이 말라서 물 한 컵을 [단][숨][에] 마셨어요.

2 친구가 덧셈은 식은 죽 먹기라면서 [거][들][먹][거][렸][어][요].

3 친구와 [마][찬][가][지]로 나도 고양이를 좋아해요.

한 번에 키우기 51

속담 연습하기

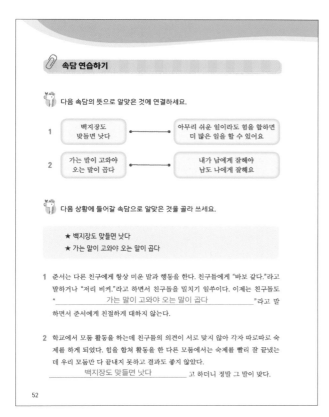

다음 속담의 뜻으로 알맞은 것에 연결하세요.

1 백지장도 맞들면 낫다 ——— 아무리 쉬운 일이라도 힘을 합하면 더 많은 일을 할 수 있어요

2 가는 말이 고와야 오는 말이 곱다 ——— 내가 남에게 잘해야 남도 나에게 잘해요

다음 상황에 들어갈 속담으로 알맞은 것을 골라 쓰세요.

★ 백지장도 맞들면 낫다
★ 가는 말이 고와야 오는 말이 곱다

1 준서는 다른 친구에게 항상 미운 말과 행동을 한다. 친구들에게 "바보 같다."라고 말하거나 "저리 비켜."라고 하면서 친구들을 밀치기 일쑤이다. 이제는 친구들도 "_____가는 말이 고와야 오는 말이 곱다_____"라고 말 하면서 준서에게 친절하게 대하지 않는다.

2 학교에서 모둠 활동을 하는데 친구들의 의견이 서로 맞지 않아 각자 따로따로 숙제를 하게 되었다. 힘을 합쳐 활동을 한 다른 모둠에서는 숙제를 빨리 잘 끝냈는데 우리 모둠만 다 끝내지 못하고 결과도 좋지 않았다. _____백지장도 맞들면 낫다_____ 고 하더니 정말 그 말이 맞다.

52

아래의 질문에 자유롭게 대답해 보세요.

1 어떤 일을 친구하고 함께 해서 더 쉽게, 더 잘할 수 있었던 적이 있어요? 언제, 무슨 일을 했을 때 그랬어요?

(예시) 어려운 수학 문제를 풀 때,

친구가 함께 머리를 맞대고 고민하니

답이 쉽게 나왔어요.

2 친구에게 말이나 행동을 밉게 한 적이 있어요? 그때 친구가 나에게 어떻게 했어요?

(예시) 친구에게 그림을 정말 못

그렸다고 했어요. 그때 친구가 너도

못 그린다고 하면서 화를 냈어요.

한 번에 키우기 53

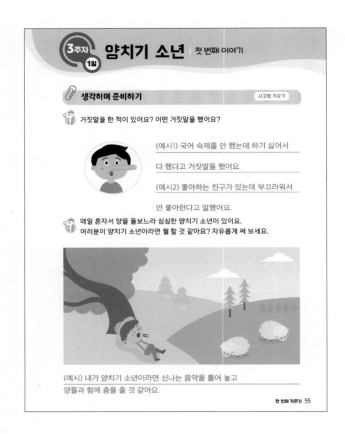

생각하며 준비하기

`사고력 키우기`

거짓말을 한 적이 있어요? 어떤 거짓말을 했어요?

(예시1) 국어 숙제를 안 했는데 하기 싫어서

다 했다고 거짓말을 했어요.

(예시2) 좋아하는 친구가 있는데 부끄러워서

안 좋아한다고 말했어요.

매일 혼자서 양을 돌보느라 심심한 양치기 소년이 있어요.
여러분이 양치기 소년이라면 뭘 할 것 같아요? 자유롭게 써 보세요.

(예시) 내가 양치기 소년이라면 신나는 음악을 틀어 놓고
양들과 함께 춤을 출 것 같아요.

한 번에 키우기 55

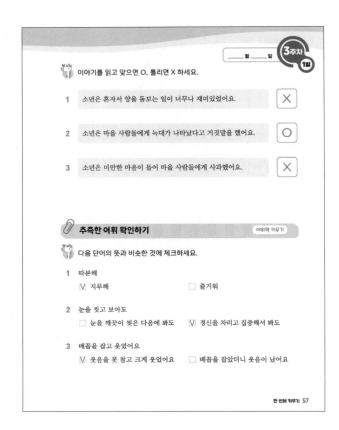

이야기를 읽고 맞으면 O, 틀리면 X 하세요.

1 소년은 혼자서 양을 돌보는 일이 너무나 재미있었어요. ☒

2 소년은 마을 사람들에게 늑대가 나타났다고 거짓말을 했어요. ◯

3 소년은 미안한 마음이 들어 마을 사람들에게 사과했어요. ☒

추측한 어휘 확인하기

`어휘력 키우기`

다음 단어의 뜻과 비슷한 것에 체크하세요.

1 따분해
  ☑ 지루해   ☐ 즐거워

2 눈을 씻고 보아도
  ☐ 눈을 깨끗이 씻은 다음에 봐도   ☑ 정신을 차리고 집중해서 봐도

3 배꼽을 잡고 웃었어요
  ☑ 웃음을 못 참고 크게 웃었어요   ☐ 배꼽을 잡았더니 웃음이 났어요

한 번에 키우기 57

어울리는 것을 찾아 줄로 이으세요.

1 두리번두리번 ──── 달려왔어요

2 무릎을 탁 ──── 둘러보았어요

3 헐레벌떡 ──── 쳤어요

생각대로 표현하기

`표현력 키우기`

다음 단어를 모두 사용해서 그림에 알맞은 이야기를 만들어 보세요.

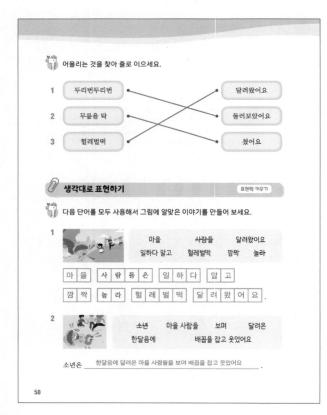

1
마을   사람들   달려왔어요
일하다 말고   헐레벌떡   깜짝 놀라

| 마 | 을 | 사 | 람 | 들 | 은 | | 일 | 하 | 다 | | 말 | 고 |
| 깜 | 짝 | | 놀 | 라 | | 헐 | 레 | 벌 | 떡 | | 달 | 려 | 왔 | 어 | 요 |

2
소년   마을 사람들   보며   달려온
한달음에   배꼽을 잡고 웃었어요

소년은 _한달음에 달려온 마을 사람들을 보며 배꼽을 잡고 웃었어요_

생각하며 준비하기

`사고력 키우기`

다음은 지난 이야기에서 나온 표현이에요. 누구의 말이나 행동이었어요?
찾아 써 보세요.

① 따분해 죽겠네   ② 허탈해하며 일터로 돌아갔어요
③ 무릎을 탁 치며 일어났어요   ④ 헐레벌떡 뛰어왔어요
⑤ 두리번두리번 둘러봤어요   ⑥ 배꼽을 잡고 웃었어요
⑦ 눈을 씻고 보아도 늑대가 안 보였어요

①,③,⑤,⑥   ②,④,⑦

양치기 소년은 앞으로 거짓말을 다시 할까요? 여러분이 마을 사람이라면
양치기 소년이 다시 거짓말을 할 때 어떻게 할 것 같아요?

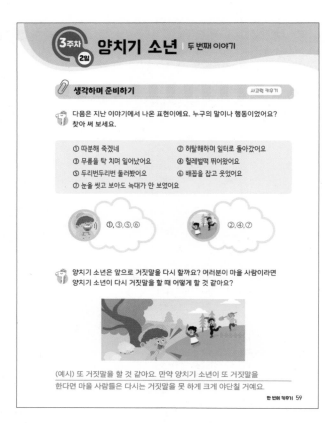

(예시) 또 거짓말을 할 것 같아요. 만약 양치기 소년이 또 거짓말을
한다면 마을 사람들은 다시는 거짓말을 못 하게 크게 야단칠 거예요.

한 번에 키우기 59

의 눈 밖에 나버린 모양이었어요. 아무도 오지 않자 소년은 발을 동동 구르며 어쩔 줄 몰라 했어요. 결국 거짓말쟁이 소년은 소중한 양들을 늑대에게 전부 잃고 말았어요.

이야기를 읽고 맞으면 O, 틀리면 X 하세요.

1 소년은 두 번이나 거짓말을 해서 마을 사람들을 속였어요. **O**

2 마을 사람들은 결국 아무도 소년의 말을 믿지 않았어요. **O**

3 진짜 늑대가 나타나자 마을 사람들 몇 명이 달려와 주었어요. **X**

추측한 어휘 확인하기 — 어휘력 키우기

다음 단어의 뜻과 비슷한 것에 체크하세요.

1 눈만 뜨면
   ☐ 잠을 깰 때마다   ☑ 깨어 있을 때면 항상

2 분명해
   ☑ 어떤 것이 틀리지 않고 확실해   ☐ 어떤 것이 흐리게 보여

3 눈 밖에 나버린
   ☑ 믿음을 잃고 미움을 받게 된   ☐ 눈 밖으로 사라져 잘 안 보이는

어울리는 것을 찾아 줄로 이으세요.

1 화가 나 ——————— 씩씩거렸어요

2 목이 터져라 ——————— 굴렀어요

3 발을 동동 ——————— 외쳤어요

속담으로 생각하기 — 표현력 키우기

다음 상황에 어울리는 속담을 골라 써 보세요.

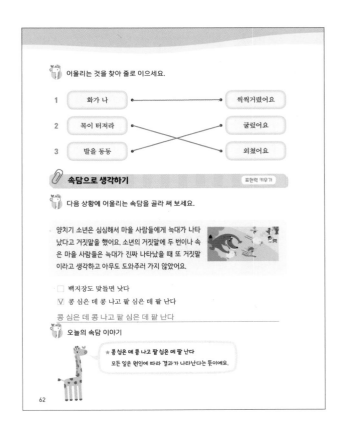

양치기 소년은 심심해서 마을 사람들에게 늑대가 나타났다고 거짓말을 두 번이나 속은 마을 사람들은 늑대가 진짜 나타났을 때 또 거짓말이라고 생각하고 아무도 도와주러 가지 않았어요.

☐ 백지장도 맞들면 낫다
☑ 콩 심은 데 콩 나고 팥 심은 데 팥 난다

콩 심은 데 콩 나고 팥 심은 데 팥 난다

오늘의 속담 이야기

★ 콩 심은 데 콩 나고 팥 심은 데 팥 난다
모든 일은 원인에 따라 결과가 나타난다는 뜻이에요.

제 꾀에 넘어간 당나귀 | 첫 번째 이야기

생각하며 준비하기 — 사고력 키우기

어떤 일을 하기 싫었던 적이 있어요? 하기 싫었던 일들을 적어 보세요.

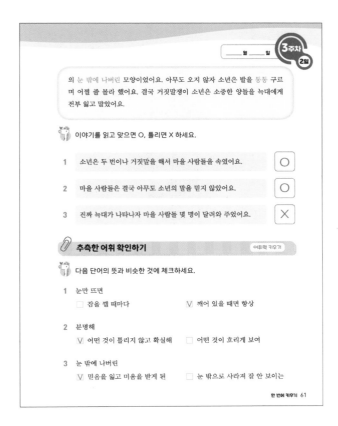

저는 수학 숙제를 하기 싫어요.

(예시1) 엄마 심부름

(예시2) 치과 가기

(예시3) 언니 말 잘 듣기

하기 싫은 일을 안 하려고 꾀를 부린 적이 있어요?
언제, 어떻게 꾀를 부렸어요?

(예시) 어제 피아노학원에 가기 싫어서 배가 아프다고 거짓말을 했어요.

당나귀의 등에 있던 무거운 짐이 아주 가벼워졌어요. 당나귀는 어떻게 무거운 짐을 가볍게 만든 걸까요? 자유롭게 상상하고 써 보세요.

(예시) 당나귀가 길에다가 무거운 짐을 조금씩 버렸을 것 같아요.

"어라? 이 녀석이 왜 이래!"

소금 장수의 당황한 모습에 당나귀는 피식 웃음이 나왔어요. 당나귀는 이번에도 역시 가벼운 몸으로 돌아갈 수 있었지요.

이야기를 읽고 맞으면 O, 틀리면 X 하세요.

1 당나귀는 평소에 소금 자루의 무게가 견딜 만했어요. **X**

2 당나귀는 무거웠던 소금 자루가 가벼워진 이유를 알게 됐어요. **X**

3 소금 장수는 당나귀가 또다시 물에 빠지자 당황했어요. **O**

추측한 어휘 확인하기 — 어휘력 키우기

다음 단어의 뜻과 비슷한 것에 체크하세요.

1 간신히
   ☐ 쉽게   ☑ 겨우

2 원인
   ☑ 일이 생긴 이유   ☐ 일의 결과

3 눈을 피해
   ☑ 다른 사람이 보는 것을 피해   ☐ 눈을 맞지 않으려고 피해

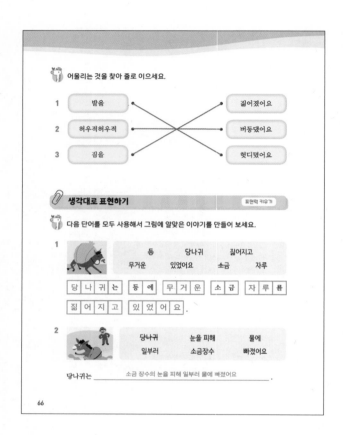

어울리는 것을 찾아 줄로 이으세요.

1 발을 — 헛디뎠어요
2 허우적허우적 — 버둥댔어요
3 짐을 — 짊어졌어요

생각대로 표현하기 표현력 키우기

다음 단어를 모두 사용해서 그림에 알맞은 이야기를 만들어 보세요.

1
| 등 | 당나귀 | 짊어지고 |
| 무거운 | 있었어요 | 소금 | 자루 |

| 당 | 나 | 귀 | 는 | 등 | 에 | 무 | 거 | 운 | 소 | 금 | 자 | 루 | 를 |
| 짊 | 어 | 지 | 고 | 있 | 었 | 어 | 요 | . |

2
| 당나귀 | 눈을 피해 | 물에 |
| 일부러 | 소금장수 | 빠졌어요 |

당나귀는 ___소금 장수의 눈을 피해 일부러 물에 빠졌어요___.

66

3주차 4일 제 꾀에 넘어간 당나귀 | 두 번째 이야기

생각하며 준비하기 사고력 키우기

지난 이야기에서 당나귀는 일부러 물에 빠졌어요.
이때 당나귀와 소금 장수는 각각 어떤 생각을 하고 있었을까요?

소금 장수 : (예시) '이 녀석이 왜 또 물에 빠졌지? 뭔가 수상한데.'

당나귀 : (예시) '몰래 물에 빠지면 이번에도 분명 등이 가벼워질 거야!'

지난 이야기에서 무거웠던 소금 자루가 왜 가벼워졌어요?
그 이유를 생각하고 써 보세요.

(예시) 소금이 물에 잠겨서 모두 녹아버렸기 때문이에요.

여러분이 당나귀였다면, 무거운 짐을 줄이기 위해 어떻게 했을 것 같아요?

저는 차라리 소금 장수한테
짐을 줄여달라고
부탁했을 것 같아요.

(예시) 저는 만약 주변에 다른 당나귀가 있었다면 불러서 도와달라고
했을 것 같아요.

물 위로 올라왔어요. 하지만 한 발짝도 움직일 수가 없었어요. 솜이 물에 흠뻑 젖어 몇 배로 더 무거워졌기 때문이었죠. 당나귀는 결국 지난번보다 훨씬 무거운 짐을 짊어진 채 시장에 가게 되었어요.

이야기를 읽고 맞으면 O, 틀리면 X 하세요.

1 소금 장수는 두 번이나 물에 빠진 당나귀가 무척 걱정됐어요. [X]

2 당나귀는 등에 솜을 짊어진 채로 일부러 강물에 뛰어들었어요. [O]

3 솜이 물을 흠뻑 먹어서 몇 배나 더 무거워졌어요. [O]

추측한 어휘 확인하기 어휘력 키우기

다음 단어의 뜻과 비슷한 것에 체크하세요.

1 언짢았어요
[V] 안 좋았어요   [ ] 서운했어요

2 뜨거운 맛을 봐야
[V] 힘듦을 느끼게 해야   [ ] 뜨거운 음식을 먹어 봐야

3 강물에 다다르자
[ ] 강물에 발을 담그자   [V] 강물에 도착하자

어울리는 것을 찾아 줄로 이으세요.

1 한 발짝도 — 못 움직였어요
2 안간힘을 — 다했어요
3 흠뻑 — 젖었어요

속담으로 생각하기 표현력 키우기

다음 상황에 어울리는 속담을 골라 써 보세요.

당나귀는 등에 짊어진 짐을 가볍게 하려고 꾀를 부리다가 오히려
짐이 더 무거워지고 말았어요.

[ ] 콩 심은 데 콩 나고 팥 심은 데 팥 난다
[V] 혹 떼러 갔다가 혹 붙여 온다

___혹 떼러 갔다가 혹 붙여 온다___

오늘의 속담 이야기

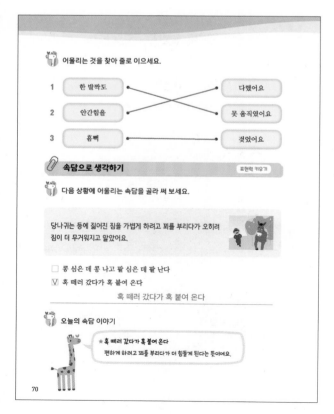

★ 혹 떼러 갔다가 혹 붙여 온다
편하게 하려고 꾀를 부리다가 더 힘들게 된다는 뜻이에요.

70

어휘 연습하기

다음 그림을 보고 빈칸에 들어갈 말을 쓰세요.

[얌치기 소년 | 첫 번째 이야기]

| 무릎을 탁 쳤어요 | 눈을 씻고 보아도 | 배꼽을 잡고 웃었어요 |

1 만화가 정말 재미있어서 배꼽을 잡고 웃었어요.

2 서점에 갔을 때 눈을 씻고 보아도 읽고 싶은 책이 없었다.

3 문제를 해결할 수 있는 좋은 생각이 나서 무릎을 탁 쳤어요.

다음 그림을 보고 빈칸에 들어갈 말을 쓰세요.

[얌치기 소년 | 두 번째 이야기]

| 눈만 뜨면 | 씩씩거렸어요 | 눈 밖에 났어요 |

1 동생과 싸우고선 화가 안 풀려서 계속 씩씩거렸어요.

2 매일 말썽을 피우는 아이가 이웃 어른들의 눈 밖에 났어요.

3 동생은 눈만 뜨면 사탕을 달라고 떼를 쓰며 울었어요.

다음 그림을 보고 빈칸에 들어갈 말을 쓰세요.

[제 꾀에 넘어간 당나귀 | 첫 번째 이야기]

| 발을 헛디뎌서 | 간신히 | 눈을 피했어요 |

1 늦잠을 잤지만 학교까지 열심히 뛰어가서 간신히 지각을 안 했어요.

2 잘못을 저지른 학생은 고개를 숙이고 선생님의 눈을 피했어요.

3 계단이 더 있는 줄 알고 발을 헛디뎌서 넘어질 뻔 했어요.

다음 그림을 보고 빈칸에 들어갈 말을 쓰세요.

[제 꾀에 넘어간 당나귀 | 두 번째 이야기]

| 언짢았어요 | 안간힘을 다해서 | 흠뻑 |

1 운동회 때 안간힘을 다해서 줄다리기를 했어요.

2 아이가 버릇없이 말하자 엄마는 언짢았어요.

3 갑자기 비가 쏟아지는 바람에 비를 흠뻑 맞았어요.

속담 연습하기

다음 속담의 뜻으로 알맞은 것에 연결하세요.

1 콩 심은 데 콩 나고 팥 심은 데 팥 난다 — 원인에 따라 결과가 나타나요

2 혹 떼러 갔다가 혹 붙여 온다 — 편하게 하려고 꾀를 부리다가 더 힘들게 되었어요

다음 상황에 들어갈 속담으로 알맞은 것을 골라 쓰세요.

★ 콩 심은 데 콩 나고 팥 심은 데 팥 난다
★ 혹 떼러 갔다가 혹 붙여 온다

1 : 엄마, 저 오늘 시험 결과가 나빠서 기분이 안 좋아요.
: 엄마가 시험 전에 공부하라고 했지? 맨날 공부는 안 하고 게임만 하더니. 콩 심은 데 콩 나고 팥 심은 데 팥 난다 는 말 몰라? 공부를 안 했으니 결과가 안 좋을 수밖에.

2 일기 쓰기 숙제가 너무 하기 싫어서 전에 썼던 일기를 똑같이 베껴서 써 냈다. 이 사실을 알게 된 선생님이 나에게 일기 숙제를 더 많이 내 주셨다. 괜히 꾀를 부렸다가 하기 싫은 숙제를 더 많이 하게 생겼다.
혹 떼러 갔다가 혹 붙여 온다 는 말이 정말 맞다.

아래의 질문에 자유롭게 대답해 보세요.

1 열심히 노력해서 좋은 결과를 얻은 적이 있었어요?
(예시) 열심히 공부해서 국어 시험에서 100점을 맞았어요.

2 열심히 하지 않아서 좋지 않은 결과를 얻은 적이 있었어요?
(예시) 피아노 연습을 열심히 하지 않아서 연주회 때 실수를 해버렸어요.

3 어떤 일을 하기 싫어 꾀를 부렸다가 하기 싫은 일을 더 많이 하게 된 적이 있었어요? 언제 그랬어요?
(예시) 학원에 가기 싫어서 아프다고 거짓말했다가 다음날 보충 수업을 더 많이 듣게 됐어요.

4주차 1일 욕심 많은 개

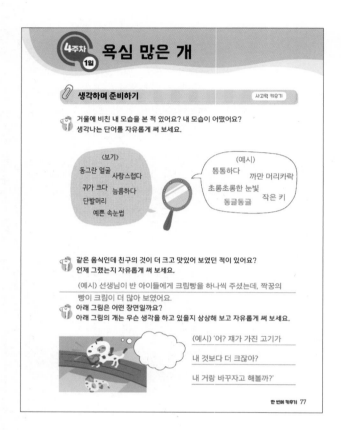

생각하며 준비하기 (사고력 키우기)

거울에 비친 내 모습을 본 적 있어요? 내 모습이 어땠어요?
생각나는 단어를 자유롭게 써 보세요.

```
<보기>
동그란 얼굴      사랑스럽다
귀가 크다    늠름하다
단발머리
예쁜 속눈썹
```

```
(예시)
통통하다     까만 머리카락
초롱초롱한 눈빛
동글동글      작은 키
```

같은 음식인데 친구의 것이 더 크고 맛있어 보였던 적이 있어요?
언제 그랬는지 자유롭게 써 보세요.

(예시) 선생님이 반 아이들에게 크림빵을 하나씩 주셨는데, 짝꿍의
빵이 크림이 더 많아 보였어요.

아래 그림은 어떤 장면일까요?
아래 그림의 개는 무슨 생각을 하고 있을지 상상해 보고 자유롭게 써 보세요.

(예시) '어? 쟤가 가진 고기가
내 것보다 더 크잖아?
내 거랑 바꾸자고 해볼까?'

한 번에 키우기 77

4주차 1일 ____월 ____일

버렸지요.

욕심을 부리다가 자기의 고깃덩어리마저 잃어버린 개는 어안이 벙벙했어
요. 그리고는 곧바로 시무룩해져서 힘없이 터덜터덜 집으로 돌아갔어요.

이야기를 읽고 맞으면 O, 틀리면 X 하세요.

1 개는 길을 가던 중에 고깃덩어리를 우연히 발견했어요. | O |

2 개는 물속에 있는 개와 싸워서 더 큰 고깃덩어리를 얻었어요. | X |

3 개는 고깃덩어리를 입에 문 채로 무사히 다리를 건널 수 있었어요. | X |

추측한 어휘 확인하기 (어휘력 키우기)

다음 단어의 뜻과 비슷한 것에 체크하세요.

1 탐이 났어요
   ☐ 궁금해졌어요   ☑ 내 것으로 만들고 싶었어요

2 어안이 벙벙했어요
   ☑ 놀라서 어리둥절했어요   ☐ 화가 잔뜩 났어요

3 시무룩해져서
   ☑ 속상한 표정을 지으면서   ☐ 용감한 표정을 지으면서

한 번에 키우기 79

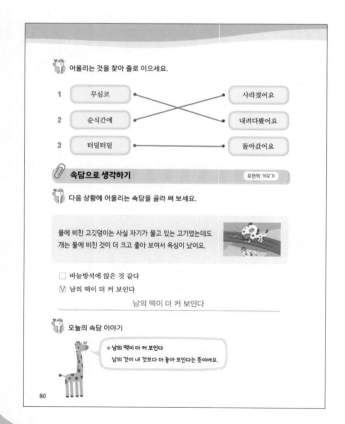

어울리는 것을 찾아 줄로 이으세요.

1 무심코 ————— 사라졌어요
2 순식간에 ———×——— 내려다봤어요
3 터덜터덜 ————— 돌아갔어요

속담으로 생각하기 (표현력 키우기)

다음 상황에 어울리는 속담을 골라 써 보세요.

물에 비친 고깃덩이는 사실 자기가 물고 있는 고기였는데도
개는 물에 비친 것이 더 크고 좋아 보여서 욕심이 났어요.

☐ 바늘방석에 앉은 것 같다
☑ 남의 떡이 더 커 보인다

남의 떡이 더 커 보인다

오늘의 속담 이야기

★ 남의 떡이 더 커 보인다
남의 것이 내 것보다 더 좋아 보인다는 뜻이에요.

80

4주차 2일 여우와 포도

생각하며 준비하기 (사고력 키우기)

먹고 싶은 음식이 눈앞에 바로 있는데 먹을 수 없던 적이 있었어요?
언제 그랬어요?

(예시) 가족들이랑 언니의 생일 케이크를 준비했는데, 언니가 아직
집에 안 와서 빨리 먹을 수가 없었어요.

아래 그림을 보고 질문에 대답해 보세요.

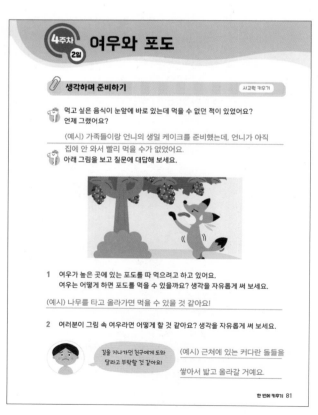

1 여우가 높은 곳에 있는 포도를 따 먹으려고 하고 있어요.
   여우는 어떻게 하면 포도를 먹을 수 있을까요? 생각을 자유롭게 써 보세요.

(예시) 나무를 타고 올라가면 먹을 수 있을 것 같아요!

2 여러분이 그림 속 여우라면 어떻게 할 것 같아요? 생각을 자유롭게 써 보세요.

길을 지나가던 친구에게 도와
달라고 부탁할 것 같아요.

(예시) 근처에 있는 커다란 돌들을
쌓아서 밟고 올라갈 거예요.

한 번에 키우기 81

112

했어요. 여우는 포도밭을 나가면서 작게 중얼거렸어요.

"쳇. 가까이서 보니 덜 익은 포도잖아. 너무 시어서 어차피 먹어봤자 뱉었
을 거야."

🐱 이야기를 읽고 맞으면 O, 틀리면 X 하세요.

1 여우는 포도밭을 발견하고 포도를 먹을 생각에 신이 났어요. **O**

2 여우는 있는 힘껏 뛰어서 겨우 포도를 먹을 수 있었어요. **X**

3 여우가 먹으려 했던 포도는 시어서 맛이 없었어요. **X**

📎 **추측한 어휘 확인하기** 〔어휘력 키우기〕

🐱 다음 단어의 뜻과 비슷한 것에 체크하세요.

1 굶주린
　　☑ 오랫동안 제대로 먹지 못한　　☐ 잔뜩 먹어서 배가 부른

2 군침이 돌았어요
　　☐ 욕심이 났어요　　☑ 먹고 싶어서 침이 고였어요

3 허탕만 쳤어요
　　☑ 하려고 했지만 결국 못 했어요　　☐ 노력해서 결국 해냈어요

🐱 어울리는 것을 찾아 줄로 이으세요.

1 비틀비틀 ——————— 매달렸어요

2 주렁주렁 ——————— 걷고 있었어요

3 한달음에 ——————— 뛰어들었어요

📎 **속담으로 생각하기** 〔표현력 키우기〕

🐱 다음 상황에 어울리는 속담을 골라 써 보세요.

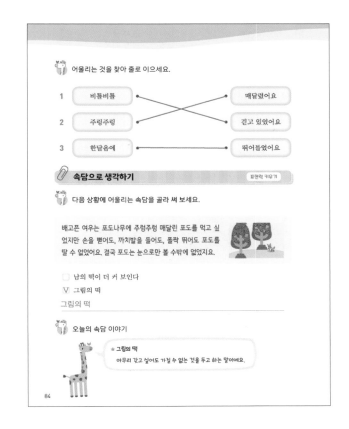

배고픈 여우는 포도나무에 주렁주렁 매달린 포도를 먹고 싶
었지만 손을 뻗어도, 까치발을 들어도, 폴짝 뛰어도 포도를
딸 수 없었어요. 결국 포도는 눈으로만 볼 수밖에 없었지요.

　　☐ 남의 떡이 더 커 보인다
　　☑ 그림의 떡

　　그림의 떡

🐱 오늘의 속담 이야기

　　★ 그림의 떡
　　아무리 갖고 싶어도 가질 수 없는 것을 두고 하는 말이에요.

4주차 3일 고양이 목에 방울 달기

📎 **생각하며 준비하기** 〔사고력 키우기〕

🐱 쥐가 고양이를 만나면 어떤 기분이 들까요? 그리고 어떻게 할 것 같아요?
생각을 자유롭게 써 보세요.

(예시) 깜짝 놀랄 것 같아요.

무서운 고양이면 얼른 도망치고,

귀여운 고양이면 같이 놀래요.

🐱 쥐들이 고양이를 물리칠 방법에 대해 이야기하고 있어요.
어떤 해결 방법을 이야기했을까요? 자유롭게 써 보세요.

고양이를 물리칠
좋은 방법이 없을까?

쥐1: (예시) "여럿이서 다 같이 한꺼번에 덤벼들면 고양이도 겁먹을 거야!"

쥐2: (예시) "고양이에게 더 맛있는 음식을 바치면 어떨까?"

"도대체 누가 고양이 목에 방울을 달겠는가?"
늙은 쥐의 말에 주변은 순식간에 조용해졌어요. 늙은 쥐는 한숨을 쉬었어
요.

🐱 이야기를 읽고 맞으면 O, 틀리면 X 하세요.

1 쥐 마을에 고양이가 나타나는 바람에 쥐들은 벌벌 떨며 지냈어요. **O**

2 늙은 쥐는 좋은 방법을 알려준 젊은 쥐를 칭찬했어요. **X**

3 쥐들은 고양이 목에 방울을 다는 데에 성공했어요. **X**

📎 **추측한 어휘 확인하기** 〔어휘력 키우기〕

🐱 다음 단어의 뜻과 비슷한 것에 체크하세요.

1 마른하늘에 날벼락
　　☑ 갑자기 생긴 나쁜 일　　☐ 갑자기 치는 천둥번개

2 의기양양하게
　　☑ 만족스러운 표정으로　　☐ 자신 없는 모습으로

3 의아한 표정
　　☐ 화가 난 표정　　☑ 이상하다고 생각하는 표정

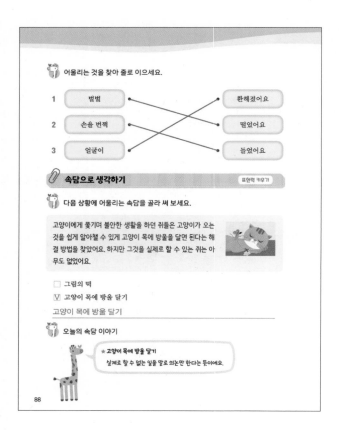

어울리는 것을 찾아 줄로 이으세요.

1 벌벌 ——— 환해졌어요

2 손을 번쩍 ——— 떨었어요

3 얼굴이 ——— 들었어요

📎 **속담으로 생각하기**   표현력 키우기

다음 상황에 어울리는 속담을 골라 써 보세요.

고양이에게 쫓기며 불안한 생활을 하던 쥐들은 고양이가 오는 것을 쉽게 알아챌 수 있게 고양이 목에 방울을 달면 된다는 해결 방법을 찾았어요. 하지만 그것을 실제로 할 수 있는 쥐는 아무도 없었어요.

☐ 그림의 떡
☑ 고양이 목에 방울 달기

고양이 목에 방울 달기

🦒 오늘의 속담 이야기

★ 고양이 목에 방울 달기
실제로 할 수 없는 일을 말로 의논만 한다는 뜻이에요.

88

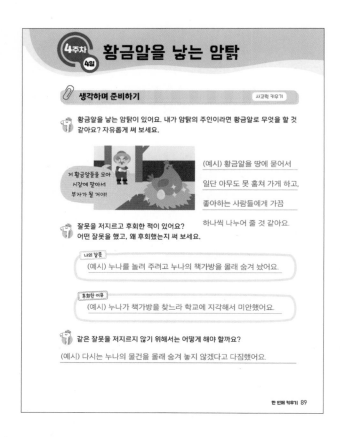

📎 **생각하며 준비하기**   사고력 키우기

황금알을 낳는 암탉이 있어요. 내가 암탉의 주인이라면 황금알로 무엇을 할 것 같아요? 자유롭게 써 보세요.

저 황금알들을 모아 시장에 팔아서 부자가 될 거야

(예시) 황금알을 땅에 묻어서 일단 아무도 못 훔쳐 가게 하고, 좋아하는 사람들에게 가끔 하나씩 나누어 줄 것 같아요.

잘못을 저지르고 후회한 적이 있어요? 어떤 잘못을 했고, 왜 후회했는지 써 보세요.

나의 잘못
(예시) 누나를 놀려 주려고 누나의 책가방을 몰래 숨겨 놨어요.

후회한 이유
(예시) 누나가 책가방을 찾느라 학교에 지각해서 미안했어요.

같은 잘못을 저지르지 않기 위해서는 어떻게 해야 할까요?

(예시) 다시는 누나의 물건을 몰래 숨겨 놓지 않겠다고 다짐했어요.

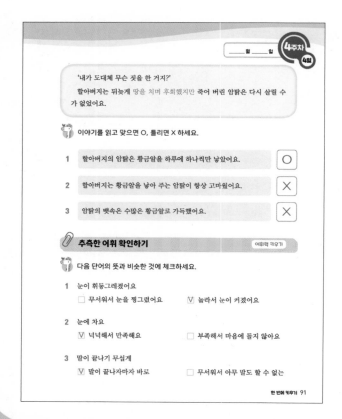

'내가 도대체 무슨 짓을 한 거지?'

할아버지는 뒤늦게 땅을 치며 후회했지만 죽어 버린 암탉은 다시 살릴 수가 없었어요.

🦒 이야기를 읽고 맞으면 O, 틀리면 X 하세요.

1 할아버지의 암탉은 황금알을 하루에 하나씩만 낳았어요. ⭕

2 할아버지는 황금알을 낳아 주는 암탉이 항상 고마웠어요. ❌

3 암탉의 뱃속은 수많은 황금알로 가득했어요. ❌

📎 **추측한 어휘 확인하기**   어휘력 키우기

다음 단어의 뜻과 비슷한 것에 체크하세요.

1 눈이 휘둥그레졌어요
☐ 무서워서 눈을 찡그렸어요   ☑ 놀라서 눈이 커졌어요

2 눈에 차요
☑ 넉넉해서 만족해요   ☐ 부족해서 마음에 들지 않아요

3 말이 끝나기 무섭게
☑ 말이 끝나자마자 바로   ☐ 무서워서 아무 말도 할 수 없는

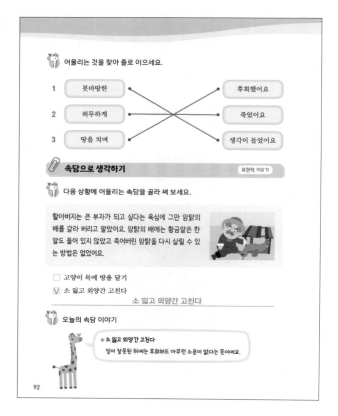

어울리는 것을 찾아 줄로 이으세요.

1 못마땅한 ——— 후회했어요

2 허무하게 ——— 죽었어요

3 땅을 치며 ——— 생각이 들었어요

📎 **속담으로 생각하기**   표현력 키우기

다음 상황에 어울리는 속담을 골라 써 보세요.

할아버지는 큰 부자가 되고 싶다는 욕심에 그만 암탉의 배를 갈라 버리고 말았어요. 암탉의 배에는 황금알은 한 알도 들어 있지 않았고 죽어버린 암탉을 다시 살릴 수 있는 방법은 없었어요.

☐ 고양이 목에 방울 달기
☑ 소 잃고 외양간 고친다

소 잃고 외양간 고친다

🦒 오늘의 속담 이야기

★ 소 잃고 외양간 고친다
일이 잘못된 뒤에는 후회해도 아무런 소용이 없다는 뜻이에요.

92

114

어휘 연습하기

욕심 많은 개 & 여우와 포도

다음 그림을 보고 빈칸에 들어갈 말을 쓰세요.

탐이 났어요	시무룩해졌어요	허탕을 쳤어요

1 식당 문이 닫혀서 집으로 돌아와야 했어요. | 허 | 탕 | 을 | 쳤 | 어 | 요 |.

2 친구가 새로 산 가방을 보고 | 탐 | 이 | 났 | 어 | 요 |.

3 가려던 여행을 못 가게 되어서 | 시 | 무 | 룩 | 해 | 졌 | 어 | 요 |.

고양이 목에 방울 달기 & 황금알을 낳는 암탉

다음 그림을 보고 빈칸에 들어갈 말을 쓰세요.

의아했어요	못마땅했어요	말이 끝나기가 무섭게

1 아빠가 동생 말만 듣고 동생 편을 들어서 | 못 | 마 | 땅 | 했 | 어 | 요 |.

2 "수업 끝났어요."라는 선생님의 | 말 | 이 | 끝 | 나 | 기 | 가 | 무 | 섭 | 게 |
아이들이 가방에 책을 넣기 시작했어요.

3 친구가 말도 없이 며칠이나 학교에 오지 않아서 | 의 | 아 | 했 | 어 | 요 |.

94

표현 연습하기

다음 단어를 모두 사용해서 그림에 알맞은 이야기를 만들어 보세요.

1

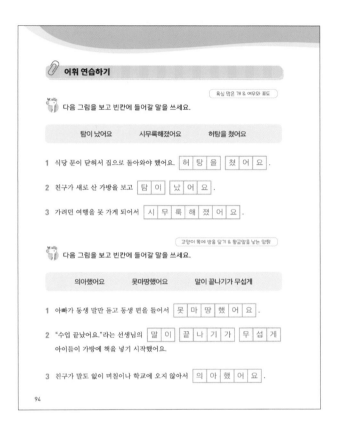

| 그 개 | 탐이 나서 |
| 큰 소리 | 고깃덩이 | 짖었어요 |

| 그 | 개 | 는 | 고 | 깃 | 덩 | 이 | 가 | 탐 | 이 | 나 | 서 |
| 큰 | 소 | 리 | 로 | 짖 | 었 | 어 | 요 |.

2

| 포도 | 따려고 했지만 |
| 매번 | 여우 | 허탕만 쳤어요 |

여우는 | 포 | 도 | 를 | 따 | 려 | 고 | 했 | 지 | 만 | 매 | 번 | 허 | 탕 | 만 | 쳤 | 어 | 요 |.

3

| 늙은 쥐 | 달겠는가 | 라고 말했어요 |
| 누가 | 목 | 도대체 | 방울 | 고양이 |

늙 | 은 | 쥐 | 는 | " | 도 | 대 | 체 | 누 | 가 | 고 | 양 | 이 | 의 | 목 | 에 |
방 | 울 | 을 | 달 | 겠 | 는 | 가 | ? | " | 라 | 고 | 말 | 했 | 어 | 요 |.

4

| 할아버지 | 살릴 수 없었어요 | 후회했지만 |
| 땅을 치며 | 죽은 | 암탉 | 다시 |

할아버지는 | 땅 | 을 | 치 | 며 | 후 | 회 | 했 | 지 | 만 | 죽 | 은 | 암 | 탉 | 은 | 다 | 시 |
살 | 릴 | 수 | 없 | 었 | 어 | 요 |.

한 번에 키우기 95

속담 연습하기

다음 속담의 뜻으로 알맞은 것에 연결하세요.

1 남의 떡이 커 보인다 — 할 수 없는 일을 말로만 의논해요

2 그림의 떡 — 잘못된 뒤에 후회해도 소용이 없어요

3 고양이 목에 방울 달기 — 남의 것이 내 것보다 더 좋아 보여요

4 소 잃고 외양간 고친다 — 갖고 싶어도 가질 수 없어요

아래의 질문에 자유롭게 대답해 보세요.

1 친구가 가진 물건이 내 것보다 더 좋아 보인 적이 있었어요?
언제, 무엇을 보고 그랬어요? 그때 마음이 어땠어요?

(예시) 엄마가 친구와 나에게 같은 인형을 주셨는데, 친구의 인형이 내
것보다 훨씬 예뻐 보였어요. 괜히 질투가 나서 몰래 바꾸고 싶었어요.

2 가지고 싶은 물건이 있는데 그걸 못 가진 적이 있어요?
언제, 무엇을 보고 그랬어요? 그때 어떻게 했어요?

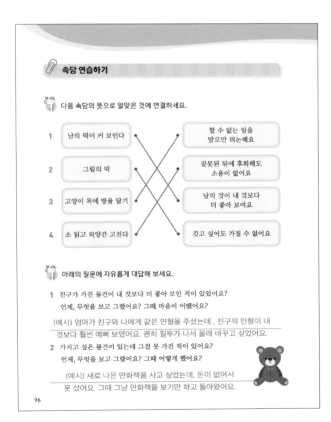

(예시) 새로 나온 만화책을 사고 싶었는데, 돈이 없어서
못 샀어요. 그때 그냥 만화책을 보기만 하고 돌아왔어요.

96

3 다음 상황이 벌어졌다면 여러분은 어떤 방법을 찾을 것 같아요?
그 해결을 누가 나서서 할 것 같아요?

집에서 친구들과 놀다가 언니(누나)가 제일 좋아하는 그림을 실수로 찢어
버렸어요. 그 그림은 언니가 아주 열심히 그려서 상을 받은 그림이에요.

(예시) 찢어진 그림을 테이프로 붙이고, 내가 나서서 언니한테 진심으로 사과할래
요. 그리고 아주 좋은 다른 선물을 준비해서 언니의 마음을 풀어 주고 싶어요.

4 '소 잃고 외양간 고친다'는 속담의 상황을 경험해 본 적이 있어요?
언제 그런 경험을 했는지 자유롭게 써 보세요.

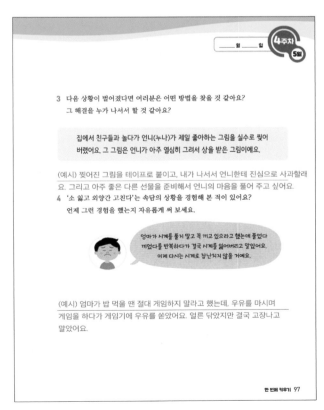

엄마가 시계를 풀지 말고 꼭 끼고 있으라고 했는데 풀었다
끼었다를 반복하다가 결국 시계를 잃어버리고 말았어요.
이제 다시는 시계로 장난치지 않을 거예요.

(예시) 엄마가 밥 먹을 땐 절대 게임하지 말라고 했는데, 우유를 마시며
게임을 하다가 게임기에 우유를 쏟았어요. 얼른 닦았지만 결국 고장나고
말았어요.

한 번에 키우기 97

수록된 속담 총정리

회차	속담	의미
1주차 1·2일	티끌 모아 태산	아무리 작은 것이라도 열심히 모으면 큰 것으로 만들 수 있다는 말이에요.
1주차 3·4일	바늘방석에 앉은 것 같다	어떤 곳이 너무 불편하고 불안해서 계속 있기 어렵다는 뜻이에요.
2주차 1·2일	가는 말이 고와야 오는 말이 곱다	내가 남에게 잘해야 남도 나에게 잘한다는 뜻이에요.
2주차 3·4일	백지장도 맞들면 낫다	아무리 쉬운 일이라도 힘을 합하면 더 쉽게 많은 일을 할 수 있다는 뜻이에요.
3주차 1·2일	콩 심은 데 콩 나고 팥 심은 데 팥 난다	모든 일은 원인에 따라 결과가 나타난다는 뜻이에요.
3주차 3·4일	혹 떼러 갔다가 혹 붙여 온다	편하게 하려고 꾀를 부리다가 더 힘들게 된다는 뜻이에요.
4주차 1일	남의 떡이 더 커 보인다	남의 것이 내 것보다 더 좋아 보인다는 뜻이에요.
4주차 2일	그림의 떡	아무리 갖고 싶어도 가질 수 없는 것을 두고 하는 말이에요.
4주차 3일	고양이 목에 방울 달기	실제로 할 수 없는 일을 말로 의논만 한다는 뜻이에요.
4주차 4일	소 잃고 외양간 고친다	일이 잘못된 뒤에는 후회해도 아무런 소용이 없다는 뜻이에요.